青春期心事解决指南

演讲与口才杂志社◎编著

中国财富出版社有限公司

图书在版编目（CIP）数据

青春期心事解决指南/演讲与口才杂志社编著. —北京：中国财富出版社有限公司，2023.5

ISBN 978-7-5047-7746-1

Ⅰ．①青… Ⅱ．①演… Ⅲ．①青春期—健康教育—指南
Ⅳ．①G479-62

中国版本图书馆 CIP 数据核字（2022）第 131846 号

策划编辑 郭 玥	**责任编辑** 张红燕 郭 玥		**版权编辑** 李 洋
责任印制 尚立业	**责任校对** 张营营		**责任发行** 杨恩磊

出版发行	中国财富出版社有限公司	
社 址	北京市丰台区南四环西路188号5区20楼	**邮政编码** 100070
电 话	010-52227588 转 2098（发行部）	010-52227588 转 321（总编室）
	010-52227566（24小时读者服务）	010-52227588 转 305（质检部）
网 址	http：//www.cfpress.com.cn	**排 版** 宝蕾元
经 销	新华书店	**印 刷** 宝蕾元仁浩（天津）印刷有限公司
书 号	ISBN 978-7-5047-7746-1 / G·0772	
开 本	710mm×1000mm 1/16	**版 次** 2023 年 5 月第 1 版
印 张	16.25	**印 次** 2023 年 5 月第 1 次印刷
字 数	216 千字	**定 价** 48.00 元

目录
C O N T E N T S

第 4 章 CHAPTER 4 我与朋友

第5章 CHAPTER 5 我与『我』

第1章

我与家人

青春的迷惘，成长的困惑
你想要的答案都在这里

解码青春期　　解答青春期情感迷惘

解决你成长中的烦恼　　**心理健康课**

趣味小测试　　你的性格是哪种颜色

畅聊青春期酸甜苦辣　　**快乐聊天室**

扫码解锁

父母总拿我当小孩子，怎么办？

任文良

楼主求助帖：

我的奶奶马上就要过生日了，可是，我的爸爸妈妈上班走不开，不能回老家为奶奶庆祝生日了。于是，我找到爸妈向他们提建议说，正好学校放假，我可以代表他们回老家给奶奶过生日。爸妈听后也十分高兴，并欣然同意了。可是，在谈到我该怎样回老家时，我们却产生了分歧，我想独自乘火车回去，正好锻炼一下自己。可是爸妈认为我是个孩子，死活不同意我独自乘火车，并打算让爷爷来接我，可是我想给奶奶一个惊喜，突然出现在她面前啊！天啊！我都初二了，父母还拿我当小孩子，我该怎么办啊？

我要发言：

一楼　红树林

我十分理解你的心情，但是安全最重要，让你爷爷接你回去，尽管不能给你奶奶惊喜，但是只要表达了孝心就够了啊！我们没有什么社会经验，在社会这个大熔炉面前，终究还是个小孩子。

二楼　仙人指路

我跟你岁数相仿，也经常跟父母产生一些小摩擦。"在父母眼里你永远是孩子"，后来我明白了，由于我们社会经验浅，往往认为自己的意见是对的，但换个角度，我发现父母还是考虑得比我们更周到，你还是接受爸妈的意见吧。

三楼　听雨轩

有时候，父母认为我们是小孩子，是出于对我们的不放心。他们还没有意识到，在不知不觉间，我们比以前成熟了许多。因此最好平时多找时间与父母谈心，让他们及时了解我们的成长和进步。那样，我们的独立要求就不会使父母感到意外了。

四楼　天使在唱歌

三楼说得对，我不知道你是如何和你爸妈说的，与父母沟通关键在于积累，你平时要多和父母交流，只有平时经常和父母交流，父母在关键时候才能听得进你的意见。

五楼　天马行空

我们要用自己的行动，而不是用言语向父母证明自己的成熟。仔细想想，父母对我们不放心难道就没有道理吗？如果我们平时做事总是马马虎虎、丢三落四，在该表现我们独立的时候，不去表现，而是任何事情都依赖于父母，这样的话，父母怎么会认为我们长大了呢？

校园智多星支招：

父母不同意你的意见，总把你当小孩子，这说明你还是不够成熟，还不懂得把自己的想法与父母进行深入的交流。你可以这样与父母进行良好的沟通并建立信任：

第一，将你和父母经常发生争执的问题列一张清单。

第二，弄清楚是什么让你如此烦恼——是因为父母不同意你的意见，还是因为他们不明白或不愿了解你的观点。

第三，确定一个合理的方案——一个既能让你接受，也能被你父母采纳的解决方案。

第四，安排时间和父母沟通，别在吃饭的时候沟通，而是事先约定好，告诉他们你有个重要的提议，拟好谈话提纲。

第五，如果父母反对你的意见，不要激动，要感谢他们能抽出时间来和你探讨，同时也对你们之间不能达成协同表示失望。如果父母接受了你的提议，应表示感谢，并保证你不会让他们失望。然后你要做出必要的行动，向他们表明你支持他们所做出的正确决定。

也许，等你真的做了这些努力，你才会发现，原来父母比自己想象的更成熟和富有社会经验，发现自己的决定只是一种小孩子的冲动，往往缺乏周全的考虑，父母毕竟有丰富的处世经验，他们看待问题更加全面、客观。承认这一点，并不意味着你缺乏主见。相反，一个真正善于听取不同意见的人，才不是一个小孩子。

妈妈总是让我补课，怎么办？

✎ 黛 宁

楼主求助帖：

我是一名高二的学生，妈妈一直对我有很高的期望，可是因为她的文化程度不高，做生意又很忙，所以她总会给我报各种补习班，但并没有带来期望的效果。我马上要进入高三了，学校的学习任务很紧张，好不容易盼到星期天了，回来还要再去补课，我真的是烦透了。最近我跟妈妈因为这件事发生了一次很严重的冲突，她觉得我不体谅她的苦心。我什么时候才可以不补课？我该怎么办？

我要发言：

一楼　陌上花开

楼主你好，你的处境和心情我非常理解，因为我也曾经是补课大军中的一员。家长们总喜欢打着"为你好"的旗帜，却很少顾及我们内心的真实想法，于是便造成亲子之间的隔阂越来越深。我觉得你应该学会拒绝，要勇敢地说"不"，让你妈妈知道你的态度。

二楼　清风明月

我同意楼上的看法，但是在跟妈妈说的时候，一定要注意说话的方式和态度。我建议你心平气和地跟妈妈好好地交流一次。首先让妈妈知道，她的付出、她的期望你都知道，可长期的补课却没有带来她期望的效果，并且让你身心疲惫，你真的不想再补课了。我相信你妈妈会理解的。

三楼　燕子归来

任何事情都有两面性，我觉得，你长期以来补课一直没有显著的效果，可能跟你内心对这件事情的抵触也有关系。如果，你能调节好自己的情绪，不把补课当成一种负担，而把它当成学习途中的额外加餐，没准会有惊喜出现呢！

四楼　鸿鹄之志

你妈妈让你补课，是因为她觉得补课会让你的成绩变得更好，如果你向妈妈保证，即使不补课，你通过自己的努力，成绩也可以变得更好，并且用分数来让她信服的话，我相信，她肯定不会再逼你了。你既提高了成绩，又可以为家里节省一笔不小的开支，你妈妈又何乐而不为呢？

校园智多星支招：

楼主你好，看了楼上几位的发言之后，对于该怎么做，我想你心中应该有数了吧？你不妨从以下几方面着手：

第一，调整自己的情绪，妈妈长期让你补课，忽略了你的感受，做法可能有所不当，但你不能因此便对妈妈心生怨气。情绪太大，势必会影响学习的积极性和效果，而且，还会给原本亲密无间的母子关系带来隔阂。

第二，开诚布公地跟你妈妈谈一谈，让她觉得她的付出、她的苦心、她对你的期望，你都知道，并且你也一直在努力让自己的成绩变得更好。可长期的补课，让你很累，尤其是眼下学校的学习任务也很紧，学习是需要劳逸结合的，继续补课只能起到适得其反的作用。

第三，你要用行动让妈妈知道，你在学习中确实很努力，即使不补课，你的成绩也可以稳步前进，这得用实际行动和成绩来证明。妈妈看到了效果，你的话才有说服力。

希望，以上的这些建议能够对你有所帮助！

解码青春期
心理健康课
趣味小测试
快乐聊天室

扫码获取

和父母一言不合就发生冲突，怎么办？

宋桂奇

楼主求助帖：

我是一名初二学生，近来不知怎么回事，一向比较听话的我，却经常跟父母一言不合就起冲突。比如上星期六，我和妈妈说好了去看外婆，可有同学临时约我去博物馆，我想长些见识就答应了下来，我去告诉妈妈后，她就数落我："你个没良心的家伙，动物还知道报恩呢！你从小是由外婆带大，去看看就不行了？""你怎么胡搅蛮缠呢？我不是说了临时有事吗？"见我又跟妈妈争吵，爸爸气得拍起了桌子，好好的一个周末就这样给毁了。我也知道，父母把我养大不容易，我应该孝顺，让他们开心。可事到临头火气却往上冲，完全没有考虑他们的感受。我明知道要对父母好，却又做不到，这是为什么呢？

我要发言：

一楼　曾经的小炮儿

我很理解楼主的心情，在初中时，我也是这个样子。现在才知道，进入青春期后，人体内的激素会发生急剧变化，容易出现冲动乃至失控的情况，再加上为证明自己已经长大，可以独立，就会产生较强的逆反心理。随着青春期的结束，这种情况自然会减少甚至消失。

二楼　别具只眼

虽说这是"青春期惹的祸"，但我们不能寄希望于将来，而不正视眼前的事实。妈妈的言行虽然欠妥当，但楼主如果能将其正面理解为做人要学会感恩、懂得尊老，可能就不太会计较她的态度了！再说，如果在答应同学前跟妈妈商量一下，是不是更好？

三楼　事后诸葛亮

我认为楼主的行为可以再有智慧一点。比如在和妈妈说之前先打个电话给外婆，请她当妈妈的说客。即便是发生冲突，请外婆来开导父母，也是个不错的选择。如果父母知道了我们的真实想法，他们肯定会克制自己的情绪，控制自己的言行。这样一来，冲突也就无从谈起了！

四楼　临时抱佛脚

我想提供几个制怒之法：俄国作家屠格涅夫曾劝告易于动怒的人——"发言前最好把舌头在嘴上转上几圈"，所以，有发火冲动时，不妨数数，从1数到10甚至更多。此外，也可以做深呼吸来平静情绪，再不行就主动回避，眼不见耳不闻，自然也就心不烦了。

校园智多星支招：

看罢以上回答，如何处理问题楼主肯定心中有数了。我不避好为人师之嫌，做几点提醒：

第一，善意理解，减少引发冲突的诱因。本不想与父母发生冲突，结果仍燃起战火，虽起因多与父母言行不当有关，但如果我们能抱着"父母肯定是为自己好"这样的心理，对父母的一言一行都给予善意的理解，自然在和父母相处时就会多一些心平气和了。

第二，诚恳沟通，避免导致冲突的起因。父母言行不当，是他们不太了解孩子的心理，因此，我们便有必要在他们心情不错的时候，向他们说出自己的真实感受。试想，如果父母知道了我们希望他们开心、不想跟他们争吵，他们能不克制自己进而避免冲突吗？

第三，极力控制，切断可能冲突的动因。如果能做到上述两点，再起冲突的可能性自然为零。万一再度面临可能冲突的情景，我们必须努力控制火气，立即做自我警告——绝对不可以发火，因为它会对父母造成伤害！接下来再运用制怒之法平复心情。

第四，还想强调的是，既然和父母间的冲突并非一次两次，或许父母的教育乃至性格确有不尽如人意之处；因此，我们就不能期望一劳永逸——俗话说，日久见人心，如果我们反复忍让，父母会为之感动的。

母亲说话总是让我有压力，怎么办？

✐ **何永书**

楼主求助帖：

上高中后，每周回家的第一件事就是接受母亲的问讯。诸如"英语单词背了多少""数学跟得上吗""写了几篇像样的作文没有"……我感到一股无形的压力，怕回家，怕听到母亲不断的问话。特别是今年高考录取分数线公布后，母亲就拿我的成绩说事，她说我再不加倍努力，等我参加高考的时候恐怕连大学都上不了。当我想玩玩电脑或是想看看电视的时候，母亲的唠叨声又在耳边响起。于是我又不得不捧起书本，可是我的脑海中模糊一片。眼看新学期就要开学，我该怎么办？

我要发言：

一楼　头上有座山

楼主，我们站在母亲的角度想想，她们的批评也好，责备也罢，都是希望我们能够出人头地。再说，她们生我们养我们，我们听她们几句唠叨又怎么了，难道她们是在害我们吗？不是。可怜天下父母心呀！我们作为子女，就应该理解父母的真实用心。一句话，理解万岁。

二楼　我行我素

可以看出楼主是一个不善于与父母交流的人。你应该把你在学校的生活、学习等方面的内容向母亲叙说，比如，在你们班级或者校园内发生的有趣的事，你在学习上的收获或是困惑，你在生活中遇到的不顺心的事。这样，把被动问话变为主动诉说，不仅能让你的母亲知道你的学习、生活等情况，而且还会拉近你们母子间的距离。

三楼　天高任鸟飞

母亲的话在一定程度上确实会给你增加无形的压力。但你为何不换个角度想想呢？你平时努力学习了，成绩提高了，获得老师和同学的称赞了。你在家的时候抓紧时间读书或是做作业，当她睡醒了的时候，你还在灯下不停地学习，那时，母亲只有喜悦，哪还会给你压力哟！

四楼　平淡才是真

逃避肯定不是好办法，自我检讨才是上上之策。你的母亲为什么会对你不断唠叨呀？是你在学校真的没有用心学习？是你在家的时候特别爱玩电脑或者看电视？还是你回家后从来不看书或是不做作业？或许我还可以问你许许多多的问题，当这些问题摆在你的面前时，你能找到正确的答案而又能给出解决的办法，你就不会因为母亲的谈话而感到有压力了吧！

校园智多星支招：

从表面上看来，楼主的压力来自母亲，但细究起来，最主要的还是楼主自身的原因。

第一，自我分析原因。是自己太贪玩，还是母亲无端指责？是自己努力不够，还是母亲道听途说？是自己玩游戏成瘾，还是母亲唠叨成性？分析透了，找到了症结所在，问题就能慢慢解决。

第二，加强与母亲的交流与沟通。俗话说，通则不痛，痛则不通。正如二楼所说，你多与母亲交流与沟通，母亲了解了你的学习情况，知道了你的真实心理，掌握了你的生活习惯，她就没有问的话题，就不会有太多的唠叨。

第三，加倍努力，提高成绩。你贪玩也好，努力也罢，这些都是表面的，只有成绩才是看得见、摸得着的东西。当你优异的成绩摆在母亲的面前的时候，她的笑容就会取代唠叨。自然也就不会给你造成太多的压力了。

第四，学会理解。孟郊的《游子吟》道尽了天下母亲的慈爱之心。母亲唠叨、批评、指责等，都是希望自己的子女能够学习好、身体好、生活好。所以，要学会换位思考，学会理解，理解母亲的良苦用心。

父母总是说"为你好"，怎么办？

🖋 文　桃

楼主求助帖：

爸爸妈妈对我很好，但我有时候真是受不了他们的"为你好"！我想玩轮滑，他们不准，说："多危险啊，爸爸妈妈也是为你好。"可是明明很多同学都在玩啊。他们不经我同意就给我报了补习班，还说："我们花这么多钱给你报补习班，还不是为你好！"甚至有时候我明明就不冷，他们还非得给我穿一堆衣服，并说："爸爸妈妈都是为你好，怕你冻着！"但凡有什么事他们想让我做，而我不想做，他们就会说："爸爸妈妈是为你好。"真是烦死了，我该怎么反驳他们啊？

我要发言：

一楼　下雪天吃火锅

我觉得楼主的心态不太对，把"为你好"当成了爸爸妈妈控制自己的一种手段。可能我们跟爸爸妈妈的某些想法确实不一致，但是我们也该明白，爸爸妈妈真的是为了我们好。他们是在用他们的人生经验，为我们规划一条更安全、更稳妥的路。可能我们并不赞同他们的意见，但是至少应该理解他们的良苦用心。

二楼　长发公主安娜

爸爸妈妈"为你好"，你怼回去，这是一种很伤父母心的做法。比如你想玩轮滑，父母也是担心你，才会说"为你好"。如果你回怼："我已经那么大了，不用你们老是为我好！"父母会是什么心情呢？所以我劝楼主，与父母意见不一致时，不要总想着跟父母辩论，而应该设法跟父母沟通。

三楼　不会喷火的龙

父母总是说"为你好"，说到底是他们对你不放心，总觉得你还小，照顾不好自己，也无法做出正确的选择。如果你从小就稳稳当当的，很少磕着碰着，他们在你玩轮滑时也不会那么大反应；如果你在学习上自律性很强，成绩一直很优秀，他们也不会非要强迫你报补习班。我们觉得自己长大了，可以摆脱父母控制了，首先就应该有个成熟的样子。

四楼　校服瘦了

同意楼上的说法，但是不能光在行为上有个成熟的样子，我们还要学会跟父母沟通，通过语言让父母放心。比如父母不让你玩轮滑，你不要跟他们辩驳吵架，而要诚恳地对他们说："爸爸妈妈，你们放心吧，我一定会戴好护具，注意安全的。"这样，父母还会非要禁止你玩吗？

校园智多星支招：

父母爱孩子的心是百分百的。他们常说"为你好"，并不是一种语言技巧，而是一种真诚的内心表达。如果我们与父母的意见不一致，也不该与之针锋相对。

第一，自省。当父母说"为你好"时，不要主观地就认为父母是不理解自己。父母毕竟比我们更成熟，人生经历也更丰富。所以，我们应该认真聆听他们的意见，并进行反思，想一想按照他们的要求做，是不是会更好。

第二，理解。通过反思，如果依然不能同意父母的意见，此时我们要做的不是反击，而是理解。没有人能跳出自己的时代，父母的成长背景和我们不同，思维方式也和我们有差异。我们要站在父母的角度去理解他们这么说的初衷，更要理解话语背后藏着父母爱我们的心。我们理解了父母，才不会因此而怨恨父母。

第三，沟通。沟通不是辩论，不是用语言去击倒对方，而是要获得对方发自心底的认可。所以，我们要选择容易被父母接受的语言，真诚地表达我们的意见。这就体现出了理解的重要性，我们理解了父母的良苦用心，才能站在他们的角度思考问题，也才能找出更合适的沟通方式，让父母也理解我们。

理解和沟通是解决矛盾的最佳方法。同学们如果与父母意见不一致，不要光想着叛逆和反驳，尝试着理解父母，通过更好的沟通去变"不一致"为"一致"，才是解决问题的方法。

老妈给我圈套式的民主，怎么办？

琚金民

楼主求助帖：

我是一名女生，我妈总是把自己的意见强加于我。比如，我明明喜欢吃苹果，她也知道这点。她却对我说："你是喜欢吃梨，还是香蕉？"其实，这两种水果都是我不爱吃的，她却给我虚假的民主。再比如，我想骑自行车上学，她也知道。她却对我说："你是让妈妈骑电动车送你，还是让爸爸开车送你？"表面上又是让我自己做主，实际上这又是虚假的民主，这两个选项其实就是设局，把我自己的意愿排除掉。我都是一个高中生了，也该自己做主了，可妈妈总是不给我真正做主的机会，还以圈套式的假民主糊弄我，我该怎么办？

我要发言：

一楼　我家襄水曲

他们大人就是这样，不让我们自己做主，怕这怕那，总是不放手，把我们变成他们手中的木偶，这样他们才放心。这种"被选择"的民主，故意设套，让我们去钻，等我们选择了其中一个后，他们就说这是你自己选择的，你必须对自己负责，也不能怨我们做父母的。

二楼　遥隔楚云端

支持楼上的看法。家长就是醉翁之意不在酒，让我们亲手否定自己的意愿。遇到这种情况，我有一个好办法，那就是选择C。我把他们设置的两个选择项分别称为A、B，我把自己的意愿叫作C。比如，妈妈问："你是让妈妈骑电动车送你，还是让爸爸开车送你？"我说："我要骑自行车，既能锻炼身体，又不耽误你们的时间。"直接跳出圈套，给出自己的答案。

三楼　孤帆天际看

家长为什么不让你真正做主？一方面，是家长不放心，总以为你是孩子，不成熟不理智，考虑问题不周到，外界不良诱惑多；另一方面，也可能是你没有真正做过主，某些事在家长的指导下都没有做好，让他们担心了。你也要反思自己有没有这个能力来自己做主。

四楼　平海夕漫漫

孩子要民主，这是自主性增强的表现，也是成长的规律，家长们不要压制，要顺势而导。而有些家长还没意识到这点。对于这样的家长，孩子也不要以强硬的方式来抵抗，要做通家长的思想工作。父母和孩子不应当是敌人，父母可以成为孩子的良师益友。你要做的是收敛敌意，释放善意，争取以和平的方式来争取民主。

校园智多星支招：

第一，你要读懂家长的良苦用心。在你还不够成熟的情况下，家长不想放手，想再扶你一程，怕你做出错误的选择不能健康成长。家长也知道包办代替的做法会激起你的反感，所以用被动选择的"民主"让你做主。这种民主虽然不是真正的民主，但也是家长的一片苦心。读懂家长的苦心，要体谅他们，宽容他们，不要与他们较劲。

第二，帮助家长更新家教理念。你可以找一些关于青春期家庭教育的资料推荐给家长，让他们意识到放手放权对孩子成长的重要性，去学习一些科学的教育策略与方法。这才能从根本上解决问题，家长观念变先进了，自然会改进民主的方式。

第三，以良好表现来争取民主。家长和老师教给你去做的事，你都能用心去做，效果不错，尤其是让你独立去做的事更要努力做好。如果你的表现让家长放心，他们自然会逐渐放权。良好的表现是谋取进一步民主的阶梯。

第四，以协商争取相对民主。世上没有绝对的不受任何约束的无限民主，只有相对民主。你可以把自己的意愿说出来，把你为什么这样做的理由讲透，再请父母把自己的想法及理由说出来，权衡利弊，采取双方都能接受的方式。有时双方需各退一步，达成和解。比如父母认为你骑车不安全执意要送，你可以在做好安全防护的前提下，让父母答应让你试骑一周再做决定。

父母总用我喜欢的事"威胁"我，怎么办？

✎ 琚金民

楼主求助帖：

父母总用我喜欢的事"威胁"我，这让我很反感。我喜欢玩电脑游戏，爸爸说如果这学期期末考试成绩不好，不许我再玩电脑游戏、手机，我很泄气，凭什么不让我玩？周末我喜欢和几个要好的同学一起去体育场打篮球，可是妈妈让我在家弹钢琴，她说如果没有练熟钢琴曲就不许我出去玩，为什么？有时候，我被迫眼巴巴地看着同学去打篮球，而自己只好待在家里练琴。我想做自己喜欢的事，而家长却非要让我在做自己喜欢的事之前先达成他们的条件，否则我什么也干不了。面对父母的威胁，我该怎么办呢？请各位大侠支支招。

我要发言：

一楼　一剪梅

父母总用你喜欢的事"威胁"你，给你带来很大的压力，让你心里很不痛快。这一点我感同身受，我的父母也是那样，总逼我做他们给我分配的任务，否则不让我做自己喜欢的事，这样一来，我对以前喜欢的事也不感兴趣了。

二楼　杨柳依依

你父母的做法确实不妥，剥夺了孩子成长的空间，孩子连自己喜欢的事都不能去做，什么事情都要听从家长的，现在都什么年代了，家长还这样做！这样只能培养出懦弱无主见的孩子。

三楼　接天莲叶无穷碧

兄弟，父母并非禁止你玩电脑游戏，他们知道玩电脑游戏是你喜欢的事，只是希望你努力学习提高成绩，把学习放在第一位，把玩电脑游戏放在第二位。父母希望你为玩上电脑游戏而努力学习，为你喜欢的事设置了一个前提条件，借你喜欢的事来激励你努力学习。

四楼　驿路梨花

楼主，要问父母为什么"威胁"你，你要反省一下自己的行为是否恰当。比如，练琴，你是否三天打鱼两天晒网呢？如果父母不"威胁"你，放纵你玩电脑游戏，没人提醒，没人督促，你会染上网瘾，荒废学业，百害而无一利。所以，你要以积极的心态来看待父母的"威胁"。

校园智多星支招：

相信楼主看了以上各位大侠的高见，一定知道自己该怎么做了吧，不妨从以下几个方面着手：

第一，要学会换位思考，读懂父母的"威胁"。为什么父母总用你喜欢的事作为武器"威胁"你？你不妨站在父母的角度，设身处地地体验一下他们的感受，"威胁"之中蕴藏着一种期待。也许是父母一时没有找到合适的教育方法，就用这种方法来刺激你，让你努力学习。

第二，要学会自我反思。父母为什么"威胁"你？也许父母的管教你听不进去，他们只好用你喜欢的事"威胁"你。也许是你玩电脑游戏影响了学习，也许是你不爱学习，所以父母用你喜欢的事来刺激你。

第三，要用利导思维看待父母的"威胁"。所谓利导思维就是朝着自己有利的方向去思考。你不要把父母的"威胁"当成坏事，你可以把压力变成动力，把父母的"威胁"变成对自己的督促和提醒。比如，成绩不好时，父母的"威胁"是提醒你不要沉溺于电脑游戏，要提高成绩。等你成绩提高了，也可以做自己喜欢的事了，这样一箭双雕，何乐而不为？

第四，主动出击，跳出父母的"威胁"。你可以主动与父母谈谈，说你懂得他们的良苦用心，但他们这种做法让你不痛快，希望父母能换种方式。你可以和父母签协议，比如，平时先做完作业再玩半个小时的电脑游戏，或者做好作业让父母检查满意后再玩电脑游戏，请父母督促。这样让自己既能保证学习质量又能放松一下，同时也不会感觉到父母的"威胁"。

面对"事妈"，怎么办？

文柳英

楼主求助帖：

最近我很郁闷，我虽已是高二的学生，但在我妈妈眼中永远是个"三岁小孩"。我毫不隐瞒地告诉大家，小到吃多少饭，几点睡觉，大到上什么学校，交什么朋友，妈妈都要替我"包办"。昨天，就因为我不愿听妈妈的话穿长裤子，就和她闹僵了。妈妈怨我身在福中不知福，我怪她独断专行爱操心。各位大侠，人总是要独自面对生活的，面对事无巨细的"事妈"，我该怎么办呢？

我要发言：

一楼　雪落梅花

楼主呀，你真幸福，虽然你的妈妈对你操心太多，但从另一个方面来说，这是她太疼爱你的缘故。妈妈认为她见识多，经验多，足以替你应对一切问题，好让你不吃苦不受伤，"可怜天下妈妈心"呀！妈妈都是全心全意为我们付出，凡事不想我们劳心费力，就好好享受这份"甜蜜的烦恼"吧！

二楼　江湖的传说

楼主，我认为你和妈妈聊这个问题不能操之过急。现在你上高二了，处理问题的能力增强，你应该将自己的真实想法慢慢透露给妈妈，找个时间和妈妈好好谈谈，让她明白你不是嫌弃她，而是为了锻炼自己。当然，语气要委婉，态度要谦恭。一次不行两次，两次不行三次。我相信，你总会赢得妈妈的许可。

三楼　捞星星的猴子

从小到大，妈妈凡事都替你安排好了，也看到你因此顺利地成长，于是就继续操心下去，事无巨细地照顾你。但是妈妈总有老去的那天，楼主有培养自己独立生活能力的想法，实在可贵也很有必要。你已是高二的学生，许多事情可以自己做主，逐渐培养这种意识并落实到行动中，让自己更加独立，我是力挺你的！

四楼　甜心巧克力

楼主遇上了"保姆式"的教育方式，有喜有忧。我建议你多找一些妈妈如何培养孩子自立自强意识，或成功人士少年时刻苦自律、克服困难的文章、材料给她看，同时借助爸爸以及家人的力量，帮助她慢慢改变自己的教育观念。

校园智多星支招：

现在很多独生子女都是"被宠大的一代"，"再苦不能苦孩子"的思想在许多妈妈心中根深蒂固，所以"事妈"现象屡见不鲜，那么你应该怎么面对呢？

第一，你要正确对待妈妈的关爱。妈妈为你操劳，你要常怀感激之心，并表达感激之情，但也不能因此就一直心安理得地接受。你要向妈妈表明你的看法：妈妈操心太多，孩子会养成依赖思想，意见不合时还容易闹矛盾，不利于形成正常的亲子关系。

第二，你要改变妈妈的教育观念。在你的周围，不同的妈妈有不同的教育观念。也肯定存在与你的妈妈做法不同，而子女却很优秀的家庭，你可以请他们帮帮忙，请他们将自己的教子经验传授给你的妈妈。另外，请老师帮你做做妈妈的思想工作也不错，让她适当放手，因为家长一般都认同老师的想法。

第三，你要用实际行动征服妈妈。妈妈细心呵护是担心我们没有能力应对复杂的生活。我们可以先从独立处理小事入手，久而久之，锻炼多了，各种能力自然提升，妈妈悬着的心自然会放下。初做某件事之时，让她指点、监督，直到她放心为止。那时，她肯定愿意让你独自去处理，她自己也变得轻松，不再包办了，对不？

以上几种方法，楼主快试试吧！期待你的好消息哦！

家人总说我不如别人，怎么办？

郑双美

楼主求助帖：

从我一生下来，身边的人就叫我"丑丫"，等我上学以后，学习成绩也不太好，家人就对我棍棒相加。一次，我洗衣服没洗干净。妈妈就拿起衣服，指着我的鼻子说："人家张晓晓和你一样大，这些小事哪里让父母操过心？你再看看你自己，连个衣服都洗不干净，你还能干什么？"那天，我委屈地哭了一下午。家人觉得我笨，觉得我什么都干不好，说我哪里都比别人差。可是，我已经是上中学的大孩子了，家人对我的这种态度很伤我的自尊心。更让我伤心的是，家人总是用别人孩子的威风，杀自己孩子的士气。恳请各位大侠支支招，我该怎么办？

我要发言：

一楼　生活自由式

楼主，小弟和你可真是同病相怜啊！我的家人也是这样，总是抬高别人家的孩子，来贬低自己的孩子。其实，别人家的孩子还不一定比我强呢，但家人总是说我不如别人。有时候家人夸谁，我就很讨厌谁，我觉得是因为有了他们的存在，家人才讨厌我的。

二楼　活出我的高傲

家长都是望子成龙、望女成凤，家长是因为对楼主抱有很大的期望，希望你比别的孩子更好、更优秀，才总是念叨别人家孩子的好。你应该多体谅家长的心情和感受，自强起来吧！

三楼　野百合也有春天

我特别能理解楼主的烦恼，因为我家人总是在外人面前说我不如别人聪明、不如别人开朗、不如别人勤奋……家人的数落反而成为我学习的动力，上学期期末考试我排名班级第一，我拿着成绩单跟我家人说，这次我考了第一，以后再不许说我不如别人了。

四楼　潇洒小姐

完全同意楼上的观点，但是楼主你在学习上下功夫的同时，也要尝试与家人沟通。你要告诉家人，孩子还是自家的亲，拿自己家的孩子和别人家孩子比是没有意义的一件事，这反而会激起小孩子的叛逆和反抗心理。你要和家人说："我有自己的优点，只是你们还没有发现而已。"

校园智多星支招：

楼上几位大侠的发言都很有道理。那么，当你的家人总说你不如别人时，究竟该怎么办呢？

第一，与家人沟通。你可以与家人促膝长谈，也可以给家人发短信倾诉，让家人理解你的心情和烦恼。家人对你是爱之深，责之切，在了解你的感受后，会思考自己的教育方式。

第二，求助于老师、同学或者亲戚朋友。当你遇到这种解不开的心结时，如果不想与家人直接沟通，可以求助于老师、同学或者亲戚朋友，比如老师可以通过家访向你的家人传达你的困惑和感受。

第三，迎难直上、奋发努力。如果你想要获得家人的赞扬，就应该通过自己的实际行动，取得骄人的成绩。把他们以前对你的成见全打破，你要勇敢地站在家人面前，告诉他们不要打消你积极进取的信心和斗志，你要告诉他们："我才是最棒的！"

- 解码青春期
- 心理健康课
- 趣味小测试
- 快乐聊天室

扫码获取

妈妈的高要求让我苦不堪言，怎么办？

石世强

楼主求助帖：

进入中学后，班里高手云集，加之学习科目一下子增加到七科，我第一次月考的成绩排到年级第十名之后，妈妈很不满意，给我下命令，期中考试必须进入全年级前五名，否则周末和假期就让我去上辅导班，后半学期还要压缩我的零花钱。虽然我全力以赴，但期中考试还是没有达到妈妈的要求，于是，她给我报了数学、英语的周末辅导班。本该休息的周末，我却在辅导班之间来回奔波。后半学期，妈妈果真压缩了我的零花钱，夜宵没了保障，苦了正长身体的我。我都竭尽全力了，妈妈还这样给我提出高要求，请问我该怎么办？

我要发言：

一楼　理解万岁

楼主的心情我能理解，但你也应理解妈妈的良苦用心。每位父母都希望自己的孩子出类拔萃，希望自己的孩子非常优秀。理解是产生共鸣的催化剂，假如楼主换位到妈妈的位置，也同样会看重成绩。楼主在妈妈面前要有信心，更要有决心，考试成绩要力争上游，用实际行动来赢得妈妈的理解和支持。

二楼　耿耿于怀

作为学生，哪个不希望自己的成绩名列前茅呢？楼主都已经竭尽全力了，不是你不想把成绩考好达到妈妈的要求，而是现在通过努力没法一下子达到。妈妈一点也不顾及你的感受，武断地给正在长身体的楼主压缩零花钱，以此逼你达到她预定的目标，楼主怎会遇上如此心狠的妈妈呢？

三楼　同桌的你

学习上有压力并不是坏事，因为学习的动力来源于学习上的压力，压力越大，动力才越大。妈妈不逼楼主一把，你的潜能又怎能被有效地激发出来，从而提高成绩呢？妈妈在逼你的同时，又给你报周末辅导班，楼主要抓住上周末辅导班的机会，努力弥补不足，争取每次考试成绩都能稳步提升，让妈妈欣喜地看到你的努力与进步。

四楼　成败由我

吃苦是人生的必修课。人生吃苦的定律是：今天不吃学习的苦，将来就要吃生活的苦。每一个成绩优秀的人，都是通过争分夺秒学习，吃了学习上的很多苦才达到的。妈妈的高要求，其实就是让楼主懂得，不要害怕吃苦，要扛得住压力，保持不断进取的状态，收获优异的成绩！

校园智多星支招：

第一，楼主要学会换位思考，学会换位思考才是真正的成长！妈妈为何对楼主高要求？那是因为爱。妈妈知道，当今社会竞争日趋激烈，她想通过对楼主提出高要求来培养孩子勇于竞争的拼搏精神，她希望楼主是班上优秀的学生。楼主如果想到这一点，就不会觉得妈妈的高要求令人苦不堪言了。

第二，要保持良好心态。有人说："生活像浓酒，不经三番五次的提炼，就不会可口。"学习正是这样，不经过努力，经受不住来自父母、老师高要求的鞭策，成绩就不会名列前茅。保持良好的心态，做主观上的努力，你要进步，谁也阻拦不住你，除非你自己不愿意！

第三，要不断地提高成绩。在学习上，不比阔气比志气，不比基础比进步，不比聪明比勤奋。通过自己的不懈努力，承受住来自各方面的压力，持续地提高学习成绩。这样既能得到家长的认可、老师的赞扬，更会赢得同学们的好评。说不定还能赢得妈妈的奖赏，获得更多的零花钱，毕竟妈妈是懂得"身体是革命的本钱"这一道理的。

妈妈的高要求是对孩子特别的爱，是让孩子勇于突破自己，充分发掘自己的潜能，能够顶得住压力，敢于逼自己一把，不给自己找借口，做到成绩稳步提升，不给自己的青春留下半点遗憾！

父母总在人前炫耀我的成绩，怎么办？

三思而行

楼主求助帖：

我的成绩还不错。从小到大，一直都名列前茅，父母一直以此为傲。看到他们高兴，我心里也非常高兴。但是有一点我受不了，就是他们总是喜欢在别人面前炫耀我的成绩。不管别人问没问，他们都会谈到这个问题。他们的心情我能理解，但总是这样，让我很难受。有时我都能感觉得到，别人并不喜欢听他们讲这些，尤其是那些孩子成绩并不好的父母。为此，我很苦恼。

我要发言：

一楼　沉湘莲

在我看来，楼主的父母在外人面前炫耀你的成绩，是爱你的一种表现。如果父母在外人面前说你的成绩是如何如何的差、是怎样的不如别人，你的心里会高兴吗？我想，楼主是不会希望父母这样评价自己的。虽然父母的言行让楼主产生烦恼，但应该看到他们传递的积极因素，还是坦然接受父母的那份爱吧！

二楼　一剑行天下

楼主的烦恼，我十分理解。我的邻居是某师范大学美术系的学生，国画画得很好。他的父亲也跟楼主的父母一样，逢人便夸他，次数多了，大家都不愿与他的父亲提及自家孩子的学习这件事，都害怕听到那些炫耀的话，左邻右舍看这个邻居的眼光也变得怪怪的。有一次，我还听到有人说"他家那孩子，不就是画画好吗？总是自己夸自己，有意思吗？"由此可以看出，父母总在他人面前夸自己的孩子，会适得其反，让人不快。

三楼　梦想的天使

是啊，我们成绩好，父母高兴，本是情理之中的事，他们的心情我们能理解。但是，总在他人面前炫耀，会给他人留下虚荣的印象，并不利于我们的成长。尤其是有些家长，自己的孩子成绩并不好，听到这些话，心里肯定不是滋味。我们在高兴的时候，也要顾及他人的感受嘛！

四楼　我爱我家

父母的观念和我们不一样，也许，他们认为值得高兴的事，就要和别人分享。他们炫耀你的成绩，并不代表他们错了。只是，他们的方式让你无法接受而已。你应该和他们谈谈，说说你的感受，让他们知道你内心的想法。只要和父母好好沟通，相信他们也能理解你的困惑和烦恼，进而帮你解决问题。

校园智多星支招：

楼主的父母在外人面前炫耀成绩，建议楼主从以下三个方面来应对。

第一，学会换位思考，理解父母的一片爱子之心。父母为什么要在人前炫耀你的成绩？因为这让他们欣慰，他们以此为傲，这是父母的幸福。父母的做法也许不妥，但你要看到他们的一片真心。不能因为他们的做法让你感觉到苦恼、为难，就对他们发脾气，甚至做出一些让他们伤心的事情。

第二，加强与父母沟通。楼主不妨找个机会，专门与父母做一次诚恳的交谈，说出你对此事的态度与真实感受。让他们明白，他们在炫耀的时候，其实你是提心吊胆的，害怕别人说你觉得自己了不起，从而疏远你。也让他们明白，你的成绩是自己努力得来的。但有一些同学虽然努力了，并没有取得好的成绩。如果父母总是炫耀，会在无形之中伤害到这些人。相信父母会理解你的。

第三，要保持平和的心态。学习好是你的优势，但自己不能以此为傲。

总之，父母在人前炫耀了你的成绩之后，你不必为此惊慌失措，烦恼丛生，影响到自己今后的学习，坦然面对，加强与父母沟通。让父母明白你的想法，一定可以得到他们的理解。

我不敢在父母面前说真话，怎么办？

琚金民

楼主求助帖：

我是一名初二男生，成绩中等。一次，妈妈问我考试成绩，我实话实说，当她知道数学成绩不及格，在家唠叨了一个月，还说人家孩子学习怎么好，我因此憋闷了一个月。此后，我也学乖了，尽量报喜不报忧，还编些谎话哄妈妈开心。最近，爸爸让我参加一个数学补习班，上了几次，我发现补习效果不佳，老师讲课太快，内容太深，我跟不上，因此不想上了。我上了也是混日子，还浪费了父母的血汗钱。但我不敢和父母说真话，爸爸太严厉，平时不苟言笑，我怕他责骂我，也怕妈妈唠叨不休，我该怎么办？

我要发言：

一楼　长安一片月

你父母喜欢听好消息，不喜欢听坏消息，你只好投其所好报喜不报忧了。其实，我的父母也差不多，听到不好的真话就训斥我。天下的父母都希望听到孩子的好消息，可是现实生活中哪有那么多好消息，这不是逼我们编瞎话来糊弄他们吗？

二楼　你为何不懂我

楼上说得好，父母都希望能听到孩子的好消息，对孩子抱有过高的期望值。我们也想给父母带来好消息，就拿学习来说吧，虽然我们也很努力，但是成绩总不能提高，和父母说实话，他们偏偏不理解，说我们贪玩不用功。真的好悲催！他们为什么不相信我们呢？

三楼　真话无价

不能因为父母不相信我们说的真话，就编谎话来糊弄他们，毕竟纸是包不住火的，即使谎话能骗父母一时开心，但他们一旦知道真相就会更气愤、更失望。你不想上数学补习班，可以把理由都向父母摆出来，父母会反复权衡重新考虑。如果你不说出来，父母还以为效果不错呢，你就失去重新选择的机会，浪费了个人精力和家庭财力。

四楼　诸葛再世

十分支持楼上的意见，和父母交流要说真话。父母并不是我们想象的那样爱听好话，有很多父母喜欢听真话，越是严厉的父母越希望听到真话。当我们把一些不尽如人意的真话说给父母听，父母也会帮我们分忧，提出一些可行的建议，这会帮助我们成长。我们还能及时把听从父母建议后的进步情况反馈给他们，与父母一起分享进步，增进亲情。

校园智多星支招：

相信楼主看了楼上几位大侠的高见后，一定知道该怎么做了吧。建议你不妨从以下几方面来考虑。

第一，理解父母的良苦用心。你说自己的一些不尽如人意的表现时，父母不高兴，是天下父母都希望自己的孩子优秀；听了这些真话，父母责怪你，是想让你积极向上、脱颖而出。父母不是因为你说的真话不高兴，而是对你的表现不高兴。

第二，学会换位思考，认识到说谎的危害。你要站在父母的角度来思考，孩子为了不让自己遭到批评就编好消息来哄骗父母，父母一旦识破孩子的谎言，就会觉得特别伤心和生气，想不到自己的孩子竟然欺骗自己，就会不再信任孩子，导致亲子间信任危机的产生。

第三，要认识到真话的价值。要对父母说真话，你表现不佳可能会遭到父母的批评，但是换个角度来看，批评也是对你自身的鞭策，促使你提升自己。经常和父母说真话，父母才会了解你的真实情况，才会理解你，亲子交流才会畅通无阻。

妈妈总是干涉我交友，怎么办？

黛　宁

楼主求助帖：

大家好！我是一名初二的学生，最近跟妈妈的关系很紧张，总是会冷战，甚至会发生争吵。因为妈妈总是干涉我交朋友。说实话，我的那些好朋友学习都不好，而且在大人的眼里总是问题重重。可是，我跟他们在一起却很开心。妈妈总是会把我成绩下降的原因归结于这些朋友的影响，好像我跟他们玩就会变成一个坏孩子一样。我心里对这些看法很排斥，而且，我都这么大了，为什么连交朋友的自由都没有呢？难道我交个朋友还得以大人的标准来判断，不能遵循我自己的心吗？真是烦死了！

我要发言：

一楼　一条毛毛虫

大人们总是这个样子的，他们总希望自己的孩子和一些学习成绩好的，各方面都很优秀的学生做朋友，就好像，跟这些人做了朋友，自己的孩子也就变优秀了一样。真不知道这些大人都是怎么想的，一点也不理解我们的心。

二楼　秋日艳阳

我也不赞成大人们对孩子交友进行干涉，如果把优秀与否作为判定标准，那交友这件事情是不是变得太功利了？况且，学习不好的同学就没有可取之处吗？我们班有个同学，虽然成绩不好，但上次学校运动会上，他为我们班拿了好几个第一名，那飞一样的速度真是帅呆了，我们都特别喜欢他。

三楼　蚂蚁上树

其实，我倒是很理解大人们的想法。中国有句古话叫作"近朱者赤，近墨者黑"，尤其是我们这些青少年，更容易受到身边人的影响。所以大人们才希望我们多结交一些优秀的朋友，以便受到更多良好习惯的熏陶。就像楼主，尽管那些朋友让你很快乐，可是交了这些朋友后，你的成绩确实是下降了，妈妈怎么能够不担心呢？

四楼　正午骄阳

我觉得三楼同学的话很有道理，楼主觉得自己长大了，妈妈不应该再干涉自己交友，可是楼主身上所出现的这些问题，的确是让人很担忧。楼主应该审视下跟好朋友们的友谊，是让自己越来越上进，变得越来越好了呢，还是让自己越来越问题重重了呢？搞清楚了这一点后该怎么做，相信楼主心中已然明了了吧。

校园智多星支招：

听了楼上这么多同学的高见，我相信楼主心中对于该怎么处理这件事情，应该有数了吧？我觉得你不妨从以下几方面来考虑这件事情：

第一，无论学习成绩好坏，每个人身上都有值得别人学习的长处，孔夫子有句话"三人行，必有我师焉"，说的就是这个道理。而判定一份友谊是否有价值，不仅要看它是否给自己带来了快乐，更要看它是否让你更上进、更美好，如果它把你引向了反面，那你就得考虑自己是否交友不慎了。

第二，一个人长大的标志是做事靠谱，不用再让别人为自己担忧，而不仅仅是年龄大了。你在学校里跟一些别人眼中的问题学生玩得开心，成绩直线下滑，怎么能让妈妈不担心呢？你应该明白，不是妈妈干涉了你交友的自由，而是她不希望你在错的方向上走得太远。

第三，当你跟妈妈在交友的问题上发生分歧的时候，放下情绪，认真沟通，从而了解彼此内心的想法和感受，才是正确地解决问题的方式。赌气、冷战、争吵，不仅于事无补，还会使事情更糟，而这也是一种没有长大的表现。

希望以上建议能对楼主有所帮助。

父母总与老师攀关系，怎么办？

🖋 **李志红**

楼主求助帖：

马上又要过节了，父母又在盘算给老师送什么礼物。每当看着他们为买什么而焦虑时，我总感觉有一种负罪感。听到他们嘀咕着哪个同事、哪个老乡跟某个老师有关系，进而通过他们和老师攀关系时，那种"可怜天下父母心"的感觉更让我心里有了沉甸甸的负担。我极力劝阻过他们，可是父母说这是为我好，万一其他家长都给老师送礼物而我们没有任何表示，老师就会把我遗忘。听了这些，我就不知道该怎么做了。大家有类似的烦恼吗？

我要发言：

一楼　蜡笔小新

是呀，尤其是教师节，简直是教师"劫"。我觉得适当买点小礼物以示对老师的尊重是可以的，但如果把买礼物当成攀关系必修课，并形成风气，就失去了节日的意义。其实，如果人人都和老师攀关系，不就等于人人都跟老师的关系一样嘛。

二楼　　战胜负能量

你可以劝劝你的父母，和老师攀关系并不起多大作用，我的一位同学是我们班主任的侄子，可是他成绩非常差，还不遵守学校纪律。我们班主任也无可奈何，气得常说："怎么会有你这样的侄子！"他的成绩一直在后面，不也是没法照顾吗？关键还在于自己。

三楼　　风行天下

你要告诉父母，与其把心思花在跟老师攀关系上，还不如多关注你的学习、生活和身体。大多数老师更希望家长多关注自己的孩子，跟老师一起教育孩子。我觉得回报老师最好的礼物是踏实的学习态度、良好的学习习惯和优秀的学习成绩。

四楼　　我行我素

尽管我也不赞成家长跟老师攀关系套近乎，但是这已经成为一种风气。从安排座位到安排宿舍上下铺，从指定班干部到评选优秀学生，哪一个环节不需要老师"照顾"？还是随潮流而动吧！

五楼　　行云流水

我就是一名教师，每到节日，家长的电话不断，也有登门拜访的，不接电话不礼貌，拒之门外不近人情。收礼物吧，违反规定，过节我感觉比上班还累。我觉得家长应该多为老师想一想，发自内心的尊重远比不情愿的攀关系更能让老师感到舒服。

校园智多星支招：

结合楼上的各种发言，我们可以从以下两个方面来阻止父母跟老师攀关系。

第一，晓之以理，告诉父母攀关系的做法是不可取的。父母不可能跟所有老师都攀上关系，与其费尽心思地攀关系，还不如多关注自己孩子的学习和成长，多理解老师的工作，多配合学校的管理。学校和家长必须建立良好的交流关系，这样才能给孩子创造更好的成长空间。

第二，动之以情，告诉父母关键在自己。内因决定外因，自己如果不努力，即使跟老师是直系亲属，老师也无可奈何。一个园丁只要看到自己培育的花草每天都生机勃勃，每天都在生长，就会有不竭的动力。老师也是这样，一个学生只要昂扬向上、积极乐观，不用攀关系，老师也会欣喜地关注。

第 2 章

我与老师

不喜欢新来的老师，怎么办？

宋桂奇

楼主求助帖：

新学期开始后，我们换了一名语文老师。和以前态度友善、说话和蔼的老师相比，新老师一脸严肃、不苟言笑，而且乡音较重、板书潦草。因此，一上语文课，我就提不起精神。一次上课，我的眼神正游走在教室之外，他突然对我说："这位同学，外面有没有鸿鹄飞来呀？"惹得全班同学哄堂大笑后，他竟还要我把《孔孟论学习》背上一遍。等我背完，他仍然板着脸说："故事中的道理我就不说了，你懂的！"从此，"鸿鹄"就成了我的大名。

说实话，我是很想把语文学好的，但却又不喜欢这个新来的老师。现在，我该怎么办呢？

我要发言：

一楼　同病相怜

楼主的心情，本人非常理解。我在初中时，曾遇到过一位不喜欢的数学老师。当时，我在数学课上总是"梦游"，一开始老师还叫醒并批评我，几次之后，她也就任我呼呼大睡了。结果，我中考因数学成绩太差只上了一个普通高中。现在想来，真是悔之晚矣！

　　二楼　鼎足有三

　　我比一楼要幸运，虽遇到了不喜欢的数学老师，但却有一位非常喜欢的班主任。她开导我说："学校不可能因为你一个人去换老师！所以你必须得适应，绝对不能因此而厌恶数学。"于是，我就硬着头皮听他讲课，时间一长也就淡忘了不喜欢，所以成绩并没有受到什么影响。

　　三楼　静水流深

　　我觉得，很多时候，这种不喜欢都是一种"以貌取人"。比如楼主说的这位老师，我就认为很不错，看到学生走神，他随即借助故事来进行教育，既智慧幽默，又润物无声。只可惜楼主拿他与原来的老师相比，以致不仅看不出其中的精妙，反而误解老师是有意让自己难堪。

　　四楼　一步之遥

　　我想作一点补充，人的性格千差万别，如果只喜欢一类人，势必会错过很多精彩。我们看人时，不妨带着欣赏的眼光，多看他们的优点。楼主提到的两位老师，肯定各有所长、各有所短，如果只着眼前者长、纠缠后者短，这不仅对后者不公平，更是自己的愚蠢！

　　校园智多星支招：

　　看罢以上几位的回答，楼主肯定已心中有数了。在此，我不避好为人师之嫌，作以下几点提醒：

第一，要主动了解。对新来的老师，因为没有深入了解其品性，我们看到的自然是一种表象。如果仅凭第一印象就做出主观判断，显然是一种极不负责任的行为。所以，我们便有必要通过同学、老师乃至网络等途径，对其人多作了解，以做出全面而客观的评价。

第二，要友善宽容。任何人都不可能十全十美，因此，我们对有缺点的老师，就应基于友善之心，给予理解和宽容。比如老师"乡音较重"，但习惯一段时间后就不会成为问题；至于"板书潦草"，也是可以通过善意提醒而得到解决的。

第三，要自我反思。做了以上两方面工作后，如果还是不喜欢，我们仍有必要反省自己：为什么其他同学没有这种不喜欢呢？是不是自己钻牛角尖了？这时，不妨请同学和喜欢的老师帮忙开导，以便自己走出这种负面心理，进而还老师一个公道。

第四，还想特别指出的是，如果我们所做的一切都是无用功——对这个老师就是喜欢不起来，也千万不能"恨屋及乌"，不再学习他所教授的学科。否则，便是我们对自己前途乃至人生的不负责了！

主动接近新老师却遭同学非议，怎么办？

🖋 **王 岩**

楼主求助帖：

不怕大家笑话，我在班里是一名后进生，平时总是感觉低人一等。前段时间，班上新来了一位语文老师，她第一堂课就点我回答问题，这可是我很少有过的"待遇"呀！我十分激动，尽管回答得不是很流畅，但老师给了我不少鼓励，课后还问我有没有不懂的地方。后来，我就经常主动向她请教问题，老师都很细致地为我讲解。就在我决定要更加努力的时候，却听同学们议论，说我是个"势利眼"，巴结语文老师，希望得到她的关照。尤其是快要期末考试了，甚至有人断言：我这次语文一定会考得很好。我现在很苦恼，不知道该怎么办。难道后进生主动接近老师也有错吗？

我要发言：

一楼　爱哭的猫

你的同学怎么这样啊？他们这完全是无中生有，给你添堵呀！或者说是在嫉妒你，怕你成绩提高了，超过他们。不要理他们，做自己的事，让他们议论去吧！

二楼　太白师爷

楼主很在乎别人的看法吗？你不妨多问问自己：他们为什么这么说呢？是出于嫉妒，还是你确实有值得他们怀疑的地方？如果是出于嫉妒，你完全可以不予理会的；如果你主动接近语文老师的目的让别人觉得不单纯，不妨从自身做起，争取让他们无话可说。别人的意见是我们进步的一面镜子，这也是一次很好的"检讨"自我的机会嘛，别郁闷啦！

三楼　遇雨彩虹

想要更加努力学习，是对自己付出的一种鼓励和肯定，自己到底是真的确定要更加好好学习，还是仅仅被新老师刺激了一下，一时心血来潮？你自己心里比别人都清楚，这与别人的说法无关，只要自己觉得对今后的努力没有影响就行，同学们一时的看法有什么关系呢？范仲淹不是说了嘛："不以物喜，不以己悲！"楼主，淡定，再淡定！

四楼　一剑行天下

遇到关心自己的老师，这是我们的幸运。新老师来后你突然变得认真好学，同学们议论也在常理之中。要想不被别人说，有一个很好的办法，就是在以后的日子里，保持现有的状态，争取凭借自己的实力取得好成绩。让他们看看，你并不是他们想象的那样。这样一定可以堵住他们的嘴，让他们知道自己是在胡说。楼主，给自己一点信心吧！

校园智多星支招：

同学们在一起学习，存在一定的竞争关系。与老师关系亲近，尤其是关系突然拉近，被同学非议是正常现象。但如果因此而影响同学间的友谊，就很不划算了。遇到被同学怀疑的情况，要学会理智分析问题，解决问题。相信看了上面各位网友的发言，楼主应该知道怎么做了吧？

第一，应该对自己的行为有清醒的认识。遇到新老师，得到了新老师的认可和鼓励，给自己学习鼓了劲，变得更加用心了，这是好事。只有自己问心无愧，才能正确面对同学们的怀疑。

第二，应该对同学们的怀疑进行理智的分析。同学们怀疑你，是因为嫉妒，还是有另外的原因？如果是因为嫉妒，那你应该高兴才对，毕竟被人嫉妒说明自己有被嫉妒的资本，这是好事。如果是因为其他的原因，则要好好检讨一下自己了，别给同学留下不好的印象。对待问题，有则改之，无则加勉嘛！

第三，应该用健康的心态去面对问题。被人怀疑，光郁闷是解决不了问题的。加强与同学之间的沟通，方能彼此多多了解，不至于在不必要的问题上产生误会，也能加深彼此的友谊。

楼主，被同学怀疑不可怕，可怕的是没有直面怀疑的勇气。好好努力吧，一切都会好起来的。

老师不关注我，怎么办？

蒋骁飞

楼主求助帖：

我是一名初二的学生，一直生活在苦恼之中，因为我发现老师几乎不"关注"我。我的座位既不靠前也不靠后，我的成绩不好也不坏，上课时很少有老师提问我，也没有老师表扬过我，甚至连批评都没有！更让我伤心的是，居然还有老师直到今天叫不出我的名字。我可能是个被老师彻底遗忘的学生，为此，我感到很不开心，连退学的念头都有了。谁能告诉我，怎样才能得到老师的重视？

我要发言：

一楼　主动沟通

我觉得楼主应该积极、主动地和老师沟通，比如：经常问老师题目，经常和老师谈谈你在学习、生活中遇到的困难等。你面对的只是几位老师，而老师面对的是几十位甚至上百位学生，在实际工作中，老师很难面面俱到。如果你不是个特别优秀的学生，而平时又不主动和老师沟通，被忽略也是在所难免的。

二楼　表现自我

一楼说得对。但我觉得要想得到老师的重视，最重要的还是表现自己。在学习上，你力争名列前茅；在文体比赛中，你奋力拼搏，为班级增光添彩。如果你觉得做一个优秀者很困难，你最起码要做一个积极分子，让自己"活跃"的身影吸引老师的眼球。

三楼　看轻别人的"轻视"

楼主的心情我非常理解，每个人都渴望被人"关注"。但楼主也应当明白，在这个世界上，没有人有重视你的义务。如果你的自信、快乐、成功需要建立在别人的"重视"上，你不觉得自己太脆弱了吗？所以，我觉得楼主最关键的是要端正心态，看轻别人的"轻视"，不要让别人的态度左右自己的心情和人生！

四楼　自信才会强大

三楼所言极是啊，楼主的烦恼主要源于缺乏自信。楼主当务之急不是寻找获得老师"关注"的方法，而是要建立一个自信的自我。只有自己重视自己，你才会强大，才会成功！

校园智多星支招：

听了楼上几位朋友的发言，根据大家的建议，我总结了以下几点，供楼主参考。

第一，"轻视"其实是一把双刃剑，它可以让有些人一蹶不振、自暴自弃，但也可以让另外一些人获得额外的力量。历史上，不就有很多伟人在成功之前，受尽别人的轻薄、嘲笑甚至侮辱吗？但他们置之不理、越挫越勇，最终成为一个受人仰视的成功者。

第二，别在乎他人的目光，别人说的话也不一定全都正确。每天进步一点、自信一点、快乐一点，也许在不久的将来，你会发现自己越来越受"欢迎"，越来越受"重视"。

第三，要想成为一个受老师"重视"的学生，就要主动接近老师，及时和老师交流自己在学习、生活、思想等方面的问题；还要自我约束，勤奋好学，做一个优等生；特别关键的是要建立一个自信、自尊、自重的强大自我。只有自己不放弃自己，世界才会为你喝彩！

第四，多读一些有益的书籍，用足够多的知识填充和丰富自己的生活，不仅要在学习上强化和完善自我，在生活中也要不断充实自我。通过阅读你会变得越来越优秀，只要你足够优秀，就会吸引老师的注意力，从而超越曾经平凡的自己。

老师要"招安"我，怎么办？

琚金民

楼主求助帖：

我是一名既调皮又成绩不好的男生，我觉得班主任管理太严格，他有时无视我们这些后进生的自尊，说些不恰当的话，我就和班主任较劲，有时故意违反纪律气他。还有几个调皮的后进生佩服我的胆量，尊奉我为"大哥"，我们组成反对派，公开与班干部叫板，暗地和班主任较劲。班风逐渐变差，班上的整体成绩急剧下降。最近，班主任调整了策略，说我有魄力，让我当副班长，负责管纪律。我有些受宠若惊，但又怕学习不好没有威信，更怕让我管不听话的人。面对班主任的"招安"，我心里很矛盾，不知怎么办。

我要发言：

一楼　小心驶得万年船

《水浒传》读过吧，宋江接受招安后被人毒死了。你当副班长后，假如老师要清算你过去的错误，一旦你在管理中出现失误，他就会趁机责怪你。也许他想让你们反对派内部起矛盾，然后趁势一一收拾你们。

二楼　宽容是金

情况没有楼上说得那么严重。你以前和老师唱对台戏，他也没有开除你，现在又主动和你谈心，重用你，这说明他的胸怀宽广，绝不是你想象的那样，不要想得那么复杂。

三楼　山月随人归

你怕你们那个反对派解散了，没有人拥护你，自己成了孤家寡人。你如果成为一个公正严明的班干部，主动拿自己的兄弟开刀，解散反对派，也不是一件坏事，这为转变班风立下汗马功劳，全班同学都会拥护你，支持你的人会更多。

四楼　诸葛再世

其实，你既然能当反对派的头，那么肯定有较强的领导力，班主任选择你是经过慎重考虑的。你可以利用自己的影响力，说服违纪的人遵守班纪班规，为班级出力。

校园智多星支招：

相信楼主看了楼上几位大侠的高见，一定知道怎么做了吧！建议你不妨从以下几方面来考虑。

第一，换个心态看问题。不要以为班主任"招安"你，是想收拾你，是想让反对派引起内讧。要以积极的心态来看问题，班主任是认为你有领导才能，他相信重用你后，班级面貌会焕然一新，不要辜负他对你殷切的期望。

第二，要正确定位。不要老是把自己定位为"反对派老大"，以为自己的职责就是带领他们与班干部作对，这不仅会把那帮兄弟引向歧路，还会影响全班同学的发展。你要重新定位自己，以"优秀班干部"标准来约束自己，管好班级，不仅为"反对派"作表率，而且能把全班同学引向正确的道路。

第三，反思自我。过去，你带头违纪和班主任作对，除了赢得少数几个人的敬佩之外，你又得到了什么？也许很多同学把你当作害群之马，老师和家长对你的行为也很鄙视。现在，有个重塑自我的机会，为何不抓住呢？要做一个充满正能量的同学，于己于班都是一件善事。

第四，相信你自己，朝最好的方向努力。你不必担心学习不好没威信，威信是靠自己正能量的言行树立起来的。既然敢跟班主任较劲说明你很有胆量，既然能暗里较劲，说明你很有策略，如果把这种胆量和策略换个方向，运用到班级管理中，成功也是轻而易举的。

老师让我做恋情"密探"，怎么办？

曾凡菊

楼主求助帖：

上周五放学后，班主任杨老师把我叫到办公室，询问我："曾小美和马建瑞最近有早恋迹象，这事你知道吗？"我大吃一惊，曾小美和马建瑞只是普通朋友而已，而且他们都是我的好朋友。于是我坚定地说："我不知道。"

杨老师疑惑地说："已经有人向我报告这件事了，你这个班长怎么当的？他俩的学习基础都很不错，上一本线没问题，可不能耽误啊！这样吧，你给我盯着他们，有情况随时向我汇报。"听完这些，我头都大了。老师竟然让我做恋情"密探"。大家说说，我该怎么办？

我要发言：

一楼　娃娃

看来楼主是被班主任给吓到了。如果楼主实在为难，不妨直接把自己对曾小美和马建瑞的看法讲出来，让老师相信他俩并没早恋。也许老师会改变主意，不让你做恋情"密探"了。

二楼　七七小姐

对楼主的遭遇深表同情！其实，杨老师无非是想知道曾小美和马建瑞是不是在拍拖，既然你知道他们只是普通朋友，那你就实话实说。老师知道真相后，也就会慢慢消除对他俩的误会了，你的任务不也完成了吗？

三楼　孙行者

楼上的建议是不错，可是这种监视别人的行为实在太荒谬。我倒觉得你可以跟曾小美和马建瑞私下沟通一下，并提出一些建议，比方说，建议他俩暂时不要走得太近，以免给别的同学造成误会。这样一来，也许老师就不会再追究了。

四楼　抬头45°

如果老师一定要你做"密探"，而你又实在不想对朋友"不义"，那就给老师汇报一些假"情报"呗。反正你知道他俩不是早恋，而老师也不能确定真假，那假"情报"也许就没什么关系的。这样，你既对老师有了交代，对朋友也讲了义气。

校园智多星支招：

老师对好学生的个人问题过于紧张，有时会采取一些非正常的手段，但是这种做法是不可取的。

第一，应明确自己的态度。既然不能答应老师又不能拒绝，那就冷静下来，心平气和地对老师提出自己对曾小美、马建瑞二人的看法，说明他俩不是在早恋。

第二，委婉地跟老师讲明，盯梢是不对的。若自己答应这样做，不但会助长了这种非正常的行为，甚至还侵犯了曾小美和马建瑞的隐私，请求老师"收回成命"。

第三，对老师提出一些合理的建议。建议老师对曾小美和马建瑞是否早恋的事进行深入了解，向不同的同学了解情况，或者直接找曾小美和马建瑞谈谈心。若真早恋了，就敲敲警钟；若不是，既让自己放心又可给他俩提个醒，也省去让班干部做"密探"的麻烦。我想老师听了你的建议和想法之后，会理解你的。试试看吧。

解码青春期
心理健康课
趣味小测试
快乐聊天室

扫码获取

我不想接受老师的好意，怎么办？

✎ **琚金民**

楼主求助帖：

我是一名高一女生，成绩不错，但是我家的经济条件不好。父母工资待遇低，还经常生病。班主任知道我的情况后就很想帮我，提出给我申请贫困生补助。但我不想接受，不想让别人知道我家经济条件差。如果我接受班主任的好意，就得填表，学校还要对贫困生名字进行公示，自尊心很强的我怕遭人轻视，也不想让人可怜我。但如果我不接受，就会辜负班主任的一片好心，我真是进退两难，请各位大侠指点迷津，我该怎么办？

我要发言：

一楼　长安一片月

你不敢接受班主任的好意，是怕学校的公示信息泄露你的家庭隐私从而引起同学们对你的轻视。你的担心是可以理解的，毕竟处于青春期的中学生，都不愿意自己的隐私被公开，谁都关注别人对自己的评论。如果这份补助，你从心里不想接受，觉得弊大于利，也可以婉言谢绝。

二楼 山月随人归

其实，楼主多虑了，家庭条件差也没什么大不了的，我周围有很多同学家庭条件不好，同学们不仅不会嘲笑家庭条件差的孩子，反而会给予适当的帮助。同学们素质也不低，很少有人去讥笑申请贫困生补助的同学，有很多同学也在小心地维护着他们的自尊心。

三楼 勇者无惧

完全支持楼上的意见。也许同学们不会轻视你，而是你自己轻视自己了，说到底还是你的自卑心理在作祟。抬起头来，勇敢接受社会的帮助，今天大方接受，明日加倍回馈社会，这是一种明智的选择。我的一位亲戚就是这样做的，他当年家境贫困，大方接受了希望工程的捐助，现在已成为一名成功人士，也帮助了十几位贫困生，这样的结局难道不美吗？

四楼 诸葛师爷

无论你是否接受班主任的好意，都应该和班主任积极沟通，你可以把自己的担心、痛苦告诉老师，老师会帮你做决断的。与其把苦恼窝在肚里加深痛苦，倒不如与亲朋好友说说，听听他们的意见，也许当局者迷旁观者清。

校园智多星支招：

相信楼主看了楼上几位大侠的高见，一定知道该怎么做了吧。建议你不妨从几个方面来考虑。

第一，战胜自卑，乐观交往。其实，很多时候不是别人瞧不起你，而是你自尊敏感的个性使你以自己之心度别人之腹。战胜自卑，走出个人狭小的天地，乐观与人交往，你就会发现别人不是你想象的那样偏狭。

第二，换个角度来思考。你不妨朝着对你有利的方向去思考，如果你接受了帮助，可以减轻父母的经济负担，顺利完成学业，这是一件好事。将来，你走向社会再回报社会，把社会关爱传递下去形成良性循环，这对整个社会来说未尝不是一件好事。

第三，积极思考，多方倾听。班主任只是想帮你一把，也没有暴露你隐私的意思，你要理解他的好意，如果你断然拒绝了，确实会辜负了他的一片好心。其实，你要把班主任当作自己人，有什么烦恼直接告诉他，也许他会想出一个两全其美的方法。比如，他可以向学校提建议，让你填表但不公示，这点班主任是可以为你争取的。总之，众人的力量比你一个人的力量大，你还可以听听父母和好友的意见，当然最后还是你自己拿主意。

给老师提建议不被接受，怎么办？

✎ 江舟人

楼主求助帖：

我是一名高一学生，也是一班之长，由于喜欢文学，就和班上有共同爱好的同学成立了一个"文学小组"。前些天小组会上，我突发奇想，和大家说："周六，咱们试试能否请语文老师带我们去附近的茅山采风。"大家一致同意后，我就向老师提出了这个建议，没想到他竟瞪了我一眼，说："带你们去，其他同学不难受吗？"搞得我在同学中间很没面子。近日，有同学提出自习课去学校阅览室读报刊，我觉得这是好事，就建议语文老师带我们去，可他又不假思索地拒绝："这事得找校长，我没办法答应你！"各位大侠，我怎么做才能让老师接受这种有益的建议呢？恳请指点迷津。

我要发言：

一楼　知彼知己

楼主要想让老师接受建议，就得替对方想好一切，让他无后顾之忧。比如说"采风"，老师若贸然答应，确实有可能让其他同学产生意见，甚至引发矛盾。不仅如此，交通、饮食尤其是安全问题，是不是还要加以考虑？而楼主对此竟不置一词，老师又怎能不拒绝？

二楼　查漏补缺

很同意一楼的说法。"去学校阅览室读报刊"，老师即便是心有余，怕也是力不足，因为，除必须征得学校领导同意之外，还需要阅览室工作人员的大力配合。另外，如果每个班级都仿而效之，势必会牵涉时间安排、人员调配等诸多问题，这可不是一个普通老师所能解决的。

三楼　事前诸葛亮

一楼、二楼所说很有道理，我在此愿意提供一个成功案例，新教材要求对《红楼梦》进行整本书阅读，我就向语文老师建议晚自习放一些电视剧的经典片段，以强化同学们的记忆。由于我将放映所需电脑、影像资料等都提前做好了准备，老师一听就爽快地答应了。

四楼　功到才能成

我认为，提建议前先做好准备，考虑周全，这个是必要的，但除此之外，还要选择适当场合，关注老师情绪。我在中学读书时，有一回向班主任建议用班费订阅一些报刊，结果却吃了"闭门羹"。后来经反思才得出原因——当时她正和一名同事发生争论，心情十分郁闷呢！

校园智多星支招：

看罢以上回答，该如何做楼主想必已心中有数。在此，我想就提建议必须注意的问题，作几点总结强调：

　　第一，须甄别内容。它包含两个要点：一是建议应着眼大多数同学，最好是对整个集体有利，"采风"遭拒即是证明。二是要考虑老师有没有能力解决问题，如果他条件有限，自然是说了也白说，"去学校阅览室读报刊"就是这样的例子。

　　第二，须选择时机。这也有两个要点：一是注重场合。如老师正在跟他人交谈或处理重要工作，就不宜打扰。二是关注情绪。如老师情绪激动或心烦意乱，他自然很难听进去建议。因此，提建议前，有必要察言观色、伺机而行。

　　第三，须注重方式。建议既可用言语，也可借文字表达。言语表达，除选择场合、关注情绪外，还要注重自己的说话态度、方式等；借文字表达，如写纸条、发短信等，则不必选择时机，哪怕是批评性质，老师也不会过于尴尬。

　　第四，须提供办法。有些建议，提出来让老师知道就好了，有的建议，最好还能提出解决问题的办法。三楼所说放映《红楼梦》的经典片段，就是针对放映中涉及的问题，提供了切实可行的解决办法，因而取得了好的效果。

　　第五，对有条件实施的合理建议，老师应该都会接受的，如果没被采纳，也不必灰心丧气，怨恨对方。要知道，老师肯定愿意做能对学生成长有利的事情，所以，我们不妨在反思后完善建议，伺机再提。

与老师关系闹僵了，怎么办？

✎ 堂吉伟德

楼主求助帖：

这几天，我一直为这件事而苦恼，亲爱的同学们谁来支支招啊？事情是这样的，为了锻炼同学的能力，语文老师让我这个语文课代表和另外两名语文成绩突出的同学，共同参与语文平时卷子的打分，但我发现有一个同学借评分之便，私底下修改卷子。这怎么可以？于是，我便把这件事告诉了语文老师，但是，语文老师却并不相信我，并且没有采取任何措施。于是，我便说："老师你不惩罚他，课代表我就不干了。"现在我发现，语文老师对我不理不睬，反而和那个修改卷子的学生走得很近。难道做一个诚实的人很难吗？

我要发言：

一楼　小燕姐姐

呵呵，楼主，做一个诚实的人是应该的，但是，我们也要讲究做事的方法啊。这就好比好心也会办坏事，一个人尽管出发点是好的，但如果方式方法不对，难免会产生不良的后果，结果害了自己。对于你的情况，我认为，关键在和老师的交流方式上出现了错误，你撂挑子的行为不仅抹了老师的面子，还有威胁老师的意思呢。

二楼　爱谁谁

我觉得是这个老师有问题，一点是非观都没有，古人还说，亲贤臣远小人呢！这样的老师不理你就不理，没必要在意，不过，一定不要意气用事，别因此而影响了学习。

三楼　事实说话

我觉得楼主大意了啊，既然你向老师汇报这种事情，一定要"人赃并获"才行啊，没有证据老师怎么会相信？另外，如果你觉得老师没有正确处理好此事，可以向学校上级领导反映此事。

四楼　淡定淡定

我觉得楼主要冷静，没有取得证据之前，不要恶意揣测他人，在这一点上，老师没有做错。至于你觉得老师和那同学走得近，也许只是因为你受心理作用影响将此事过于放大了。

五楼　积极沟通

我同意四楼的说法，不管怎样我们都是学生，认知可能不全面，我相信老师正在焦急地等待着你的沟通呢。加油吧！不要自己胡思乱想地难过了，积极行动起来，交流的主动权在我们手中！

校园智多星支招：

中学生与老师朝夕相处，相互之间难免有摩擦，学生与老师闹僵的事情也时有发生。在处理此类事情时，我们不仅应当冷静，而且要注意老师的师长身份，本着尊重老师的初衷去处理问题，相信你这么做，老师一定会理解你的苦心的。

在楼主的这件事上，去辩论谁对谁错，其实很难有实际意义，有时候一些东西也很难用对错来衡量。比如，我们与父母相处，因为其中有着感情的存在，探讨事情时就不能简单地说是与非，和老师相处也是这样。因此，我希望楼主能认识到这点，然后积极主动地去找老师沟通，把事情说清楚，并借此说出你的苦恼，我相信老师一定会理解你，更会被你的信任感动的。

课堂上不愿意发言，怎么办？

✐　赵元里

楼主求助帖：

各位大侠，有一个问题一直困扰着我，就是在课堂上每到老师向同学们提问时，我不但不愿意主动发言，而且总是怕老师点到我的名，怕让我站起来回答问题。每到此刻，也是我最尴尬最难受的时刻。面对老师的眼光，我总是躲躲闪闪，让自己的目光在其他地方游走。我不知道该怎么办。

我要发言：

一楼　满天朝霞

你在课堂上不愿意发言，我认为是自尊心太强的缘故，怕自己回答不好而丢脸。虽然老师是有威严的，同学们也愿意看到一个完美的你，可你太追求完美、太把自己当回事时，就会什么事都做不好，包括课堂上发言。把多余的担心丢掉吧，你越追求完美就越不会完美，你越讲究自尊，就越会失掉自尊。

二楼　绿叶红花

你能发现自己的这个问题，说明你在进步；你能把问题拿出来向大家求助，更说明你想进步。我觉得，你之所以不愿意在课堂上发言，不是因为你内心不想，而是因为你太胆小、腼腆了。也许你内心很想发言，可是，"茶壶里煮饺子"，有话"倒"不出。我想，课堂上无非就是老师跟同学，我们现在是学习阶段，回答不好问题很正常，没必要怕老师、怕同学们笑话我们。你假设同学、老师都不存在，你在对着空荡荡的教室说话，你就不怕了。只要你不怕，不断地锻炼自己的发言能力，你就会进步，慢慢地也就会愿意在课堂上发言了。

三楼　大漠胡杨

我觉得楼主完全没必要为自己在课堂上不愿发言而纠结。哪个人天生就能说出"金玉良言"呢？谁人一说话就出口成章呢？詹天佑、沈雁冰这样的名人曾经是口吃患者，最怕在学堂上说话，最后不也成了名人？楼主大可不必为课堂上不愿发言而痛苦纠结。

四楼　三足鼎立

楼主不愿在课堂上发言，可能跟自己肚子里的"存货"有关。你肚子里如果没货，自然就说不出个"子丑寅卯"来，所以怕发言。你要加强学习、加强思考，学会肚里"囤货"、嘴上"倒货"，到时候就自然愿意发言了。

校园智多星支招：

大家刚才发表了不少不同的意见，我觉得各有特色。为了楼主的进步，我想讲如下几点：

第一，克服自卑心理。怕自己发不好言被人笑话，这虽然是自尊心强的表现，但归根结底是自卑心理在作怪 。只要你克服自卑心理，就什么胆小腼腆都不存在了。因为，学习阶段就是让你"出洋相"的阶段。当你克服了自卑心理，大胆尝试、不懈锻炼，你的发言肯定会一次比一次好，你的胆子也会一天比一天大。你的"出洋相"也就变成了"精彩亮相"。

第二，克服焦急心。这里要强调两点：一点是对课堂发言要有一个正确的态度和认识，不唯实用主义，而求提升实力，就不会因一时发不好言而焦虑。虽然有些人在学生时代的课堂上发言不太好，可也在后来的人生路上成就了事业。但我要特别强调的是，倘若你在起跑线上就努力变得足够优秀，将来不是更有决胜的可能吗？再一点是走路得一步一步走，课堂上锻炼自己发言也是这样，要循序渐进、力戒焦躁，慢慢让自己成熟起来。

第三，克服焦虑。学习，是一个从"虚"到"实"的过程，是一个从不会到会的进步。在学习的过程中，一定要一步一个脚印地把基础打扎实，不但要让自己"肚里有货"，而且要有意锻炼自己的口语表达能力。这样，日后你在发言时就会语惊四座，收获无数的掌声。到时候，你以课堂发言为趣，以课堂发言为荣，你还会不愿发言吗？

我想感谢老师却不知如何表达，怎么办？

漫兮

楼主求助帖：

前段时间我家里出了点事情，我的情绪受到了极大的影响，一度想要退学。班主任王老师了解情况后，积极帮我协调解决，还抽出时间开导我，给了我很大的帮助。在王老师的帮助下，家里的事情得到了解决。我非常感激，想到她以前除了在学习上教导我，在生活上也经常帮助我，教我整理物品，教我打扫卫生，还教我如何有计划花钱等等，让我的学习成绩和生活自理能力都得到了很大的提高。我很想要感谢王老师，可我又生性腼腆，试了几次不知道该如何表达，也不知道该在什么时候表达。恳请大家给我支支招。

我要发言：

一楼　自由自在

我认为，楼主的烦恼实则算不上真正的烦恼，学习进步，自理能力提高，是多美的一件喜事啊。就自个儿偷着乐吧！保准王老师不是对你一个人好，嘿嘿。

二楼　虫儿飞

楼上的发言，我不敢苟同。感恩之心，人当有之。一个学生，在求学生涯里，能遇到一位认真负责的好老师，是一种难得的幸运啊！教师节的时候，我建议你给王老师买一束鲜花以表谢意吧！

三楼　末末香

如一楼自由自在所说，王老师肯定不是对你一个人好，当然，这也正是王老师的可贵之处。老师对学生全心全意地付出，是其职责所在。至于表达谢意嘛，我想，王老师是不会在意形式的。

四楼　我不是阿呆

从你的求助帖里看得出，王老师是个好老师，你的进步与王老师的帮助是分不开的。你能想到要感谢老师，表明你是个知恩图报的好孩子。二楼虫儿飞的建议可以一用，当然，你也可以写一封感谢信，夹在作业本里一并交给老师。

校园智多星支招：

遇到一位好老师，是一个学生的幸运。想要表达对老师的谢意，到底该如何做呢？

第一，你是因为腼腆，不好意思当面表示。那你可以把自己的想法写下来，写在你的作文中、日记中，王老师若是语文老师，她在批改作业的时候就会读到，我相信她一定会很感动。若是别的学科老师，你的语文老师也一定会转告你的谢意。

第二，若遇节日，你可以选择送花，送自制卡片等小礼物。现在是信息技术高速发展的时代，你还可以通过网络向老师表达谢意。没有了面对面的尴尬，我相信你的表达应该不会有什么障碍。

第三，事实上，老师对于学生的付出，从来就不期待物质的回报。平日里的一句问候，课堂上的一段发言，作业本上的工整字迹，测试卷上的优秀分数，运动场上的拼搏精神……才是老师真正在乎的礼物。加油，相信这份礼物你一定能够为王老师奉上。

解码青春期
心理健康课
趣味小测试
快乐聊天室

扫码获取

我暗恋上了老师，怎么办？

✒ 林玉春

楼主求助帖：

我今年14岁了，正在念初二。我的化学老师刚大学毕业，他不仅人长得十分帅气，而且知识丰富，谈吐幽默。每次我去请教问题，他总是耐心为我讲解，那充满磁性的嗓音更是抓住了我的心……我想学校里没有哪个男生会比他更优秀了，所以，我对化学的喜好程度和努力程度也比其他科目强。下课后，我总是绞尽脑汁地想找出更多的问题向他讨教，想在上课时做出那些难题而被他赞赏。我开始打扮自己，希望在人群中能更多地吸引他的目光，体会到自己的心跳……

我产生这种感觉将近三个月了。有一天，他有事没来上课，我整整一天都在心神不安的。我这是怎么了？天啊，我该不是爱上自己的老师了吧？请各位大侠指教，我该怎么办才好呀！

我要发言：

一楼　芊芊金金

你爱上了老师？爱他的什么？爱他的仪表堂堂，爱他玉树临风的气质，还是爱他的学识？这个你要搞清楚，弄明白。不少同学常常把对老师的崇拜和敬仰与自己的春心萌动联系在一起，误以为这就是爱。这只不过是一个美丽的误会罢了。真正的爱情是经得住时间的检验的，要是你几个月甚至几年以后，还能对你的这位老师有这样的感情，再谈"爱上了他"也不迟！至于现在嘛，好好学习吧。

二楼　zhaofangyi1234

对头！成熟的爱是给予，还未完成学业的少年们，你们能给予所倾慕的老师什么呢？最明智的选择就是及时控制自己的感情。

三楼　快晋升老头了

你这个年龄正值青春期，处于青春期的男孩或者女孩有了性的觉醒，逐渐表现出对异性的关心，出现了一系列青少年所特有的心理状态，这是十分正常的现象。因为这个时期是一个半幼稚半成熟的时期，所以，在和年轻的异性老师接触时，就有可能会有意无意地在师生纯洁的感情中掺杂男女异性之爱，这样就会破坏正常的师生关系。

四楼　风情人暖

学生爱老师，太正常不过了！我身边的许多同学都各自有着暗恋的老师呢，甚至还有同学觉得这是一种时尚呢！但是，说归说，还请大家保持理智哟，伦理道德的底线还是要坚守的。因此，学生与年轻的异性老师接触时，必须要保持一种分寸感、距离感才好哟！

校园智多星支招：

少男少女涉世未深，交往范围很小，在经常接触的异性中，除了亲人、同学，就是老师了。优秀的老师比其他人更容易成为学生崇拜的对象。但对优秀老师的这种仰慕之情就是爱情吗？显然不是的！这只不过是对优秀异性的一种朦胧的好感罢了。为了避免产生不必要的误会，影响正常的交际，我建议同学们在和自己仰慕的异性老师交往时应注意以下几点：

第一，要保持理性、清晰的头脑。要把对老师的这种仰慕埋藏在心里，化成督促你努力学习的动力。如果一时冲动，盲目地向老师表白，可能"老师很生气，后果很严重"哦。

第二，要把握正常交往的尺度。既不要与老师过于频繁或密切地接触，也不要因此不敢和老师交往，拉大师生之间的距离。

第三，建议同学们要学会"见异思迁"，把自己的注意力和精力转移到其他学科老师身上，要积极发现其他老师的优点。这样，就可以把对一位老师的"爱"分散给其他老师，如此一来，你就知道你对老师的仰慕不是爱情了。

第3章

我与同学

和同学融不到一起，怎么办？

✑ 夏　秋

楼主求助帖：

新的学期，新的班级，本来对初中生活满怀憧憬的我，如今却感觉到了深深的孤独。班里的其他同学总有几个早先认识的朋友，但我是跨区过来上学的，连一个认识的同学都没有。课间休息，大家结伴聊天，我只能假装爱看书，以此来掩饰"形单影只"的尴尬。体育课上，老师要求我们三人组队，其他同学很快就找到了同伴，而我却只能被老师安排。我尝试着和她们一起去完成比赛项目，但她们大多时候都是两人商量，我就像个局外人，站在一旁手足无措。我很担心如果一直这样，会不会以后整个初中生活都没有朋友了。

我要发言：

一楼　夏犀君

这才开学几天，你就说自己很"孤单"，是"局外人"，是否有些为时尚早？刚进初中，大家都会有些拘谨，只和相熟的同学在一起，这很正常。你有没有想过主动去接触大家？比如当周围同学聊天的时候，你并不是假装看书，而是主动加入交谈，哪怕开始只是凑过去听着也行。之后慢慢地发表一些自己的见解，让大家了解你。我相信同学很快会接纳你的。

二楼　王婷

告诉你一个比较简单的方法，和同学有眼神触碰的时候，便扬起嘴角，微微一笑，爱笑的女孩运气都不会太差呢。这种打招呼的方式特别适合腼腆的女生。

三楼　养鱼的人

我觉得你可以从离你最近的人开始交流，比如你的同桌、室友，然后再通过他们认识更多的人，朋友的朋友，也是自己的朋友嘛！那次体育课上，你完全可以在另外两个队员讨论的时候，上前一步问一句："我可以做点什么呢？"想要获得友情，主动出击才是关键。

四楼　俞盈盈

我和你一样，刚上初中时，我几乎不认识学校里的任何人，也是第一次开始住校生活，孤独、紧张、无所适从。但随着年龄增长，我却很享受这份孤独。因为它让我学会独立思考，专心做自己喜欢的事情。我开始认识到孤独并不是一种消极情绪，孤独的状态也并不令人尴尬，孤独反而是一面让我更好认识自己的镜子。

校园智多星支招：

第一，刚到一个新班级，而且没有小学一同升上的老相识，同学之间"认生"，这是一种正常现象。随着时间的延长，同学们彼此之间相处久了，熟稔了，自然会甩掉生分，加深友谊。

第二，不妨分析一下和同学难以融洽相处的原因，是因短时间的生分，还是你性格方面的因素？如果是后者，不要强求和同学之间的友谊"速成"，也不用强迫自己改变。毕竟，每个人都是一个独立的个体，都有自己的个性，而不是千人一面。时间久了，同学们自会了解你。

第三，无法融入她们的原因有可能是别的圈子在等待着你。如果你不是用书掩饰你的"形单影只"，而是真的潜下心来认真地看你的书，那就太棒了。曾经有一位跨区学生，通过看书、练字从而得到逐渐提升的成绩和打磨出来的特长，这不仅给她提供了"被需要"的契机与同学们搭上话，也让她认识了班级以外的朋友。后来，有好多听过她名字的陌生同学也向她打招呼。做自己喜欢的事，找到自己的爱好，你一定能找到志同道合的伙伴。

背地里被同学冷嘲热讽，怎么办？

石世强

楼主求助帖：

读高一的我课余喜欢研读散文、诗歌，在老师的指导下也尝试着写一些散文诗歌。第二学期，我把自己认为写得较好的稿子向市晚报投稿，可能是我的写作水平还未达到上报纸的最低要求，投出去的稿子石沉大海、杳无音信。为此，我自己感到很苦恼。这时，班上的一些同学在背地里冷嘲热讽我：就凭他那点水平，想在报刊上发表文章，无异于癞蛤蟆想吃天鹅肉……当这些冷嘲热讽的话语传入我的耳朵时，我写作的激情一下子由沸点降到冰点。但是我不甘心，我不想放弃，因为写作毕竟是我的兴趣爱好呀！可面对外界的冷嘲热讽，我很失落，请各路大神指点一下，我该怎么办？

我要发言：

一楼　顺风耳

楼主的烦恼，我也曾有过。我当时的做法很简单，因为同学是在背地里冷嘲热讽我，我装作没听见一样，不被同学的言论所左右，我本身又没错，懒得去理会。我相信"走自己的路，让别人去说吧"这句名言。

二楼　赤脚大仙

楼上的观点很有指导意义。我觉得同学在背地里冷嘲热讽楼主，可能是楼主的一些言行太过张扬，让同学看了不顺眼、听了不顺心。所以，我建议楼主今后谨言慎行，可以一定程度上避免同学对你进行嘲讽。

三楼　托塔李天王

我认为楼主的烦恼有一个很好的办法可以解决，告诉班主任，请班主任出面帮助解决。班主任的话在同学中有一定的权威，有分量，班主任还可借此机会警示全班同学，不能在背地里对他人冷嘲热讽，说不利于团结的话，做不利于班级和谐的事。

校园智多星支招：

楼上几位大神的发言非常有道理。那么，当你背地里被同学冷嘲热讽后，到底该怎么办呢？

第一，自我反省。同学已经在背地里嘲讽你了，说明你自己已经出了问题，如果自己表现得很好，那同学怎么会在背地里冷嘲热讽你呢？在这种情况下，需自我反省哪些地方做得不够好，以后加以改正，这尤为重要。

第二，在搞好学习、发展业余爱好的同时，花点时间维护好同学关系。同学关系好了，他们自然就不会在背地里冷嘲热讽你了，你还会赢得他们的支持。

第三，坚持到底，证明自己的能力。在遭遇同学的冷嘲热讽后，更应该勤奋苦读，当你的名字出现在报刊上时，那些冷嘲热讽你的同学自然会向你投来钦佩的目光。

同桌经常冲我发脾气，怎么办？

✒ 黛 宁

楼主求助帖：

大家好！我是一名初二的学生，有一件烦心事在心里藏了很长时间了，可一直不知道该怎么办，今天想听听大家的意见。我与同桌，从初一的时候就坐在一起了，我们关系还不错。可有一点让我觉得挺烦恼的，就是他经常会冲我发脾气。比如说上次，生物课之前，大家都在热火朝天地背老师上节课留的重点内容，只有他在那儿干坐着，我就好心好意地提醒他，没想到他非但不听，还冲我发了一通脾气。虽然他每次冲我发过脾气之后，都会诚恳地向我道歉，说是自己当时心情不好，我也会原谅他。可是，我的心情还是会因此在一段时间内变得很糟糕，甚至影响学习。我为此很矛盾，不知道该怎么办，想听听各位大侠的意见。

我要发言：

一楼 夏夜星空

这样的人，还是果断远离吧，自己心情不好那是自己的事情，凭什么要把情绪发泄到别人身上，要别人来承担？自己心情不好，就可以作为冲别人乱发脾气的理由？而且还是经常这样做。我就纳闷了，楼主竟然可以忍他那么久，要是我，发生一次就跟他彻底决裂了。

二楼　花开朵朵

楼上说出了我的心声，一个人，如果经常性地控制不住自己的脾气，那可能自制力比较差，是自己的事情，别人当然无权干涉。可是，如果每一次发脾气的恶果都要别人来买单的话，那就是人品问题了。毕竟，大家交朋友，是因为彼此在一起开心，总是给别人带来一肚子气的朋友，要他干啥？

三楼　放羊的星星

你的宽容，让他获得了心安，可是他带给你的痛苦、烦恼和糟糕的情绪，他自己却全然不知。我觉得你应该跟他好好谈一谈，把你心中的烦恼告诉他，让他知道你是因为在乎你们之间的友谊，才愿意一再地包容他，但这是以牺牲你的快乐和内心的平静为代价的。如果他也同样在乎你这个朋友，我相信他会改变自己的。

四楼　我爱小鹿

我觉得在这件事情上，你的同桌做得固然不对，但你也是有一定责任的。因为是你的太过于忍让，纵容了你的同桌，让他以为发了脾气之后道个歉就可以了，根本没想到这样做还会对别人造成伤害。如果这样的事情再发生的话，你就应该狠狠地反过来回击他，让他看到你的愤怒，知道你的底线，他就会收敛了。

校园智多星支招：

听了楼上那么多建议，该怎么做楼主应该已经心里有数了吧。我想，你不妨从以下三方面来考虑：

第一，好好跟你的同桌沟通一下，告诉他，他的坏脾气，经常给你带来负面的情绪，并且影响到了你的学习。谁都会有心情不好的时候，但是绝对不应该把脾气撒在别人身上，虽然你很在乎他这个朋友，但是你真的没有充当他情绪垃圾桶的义务。

第二，你的同桌如果再向你发脾气的话，你要勇敢地回击，让他看到你也是会生气的，而不是只会宽容，只会忍让。向他摆明底线之后，如果他还是一再冒犯的话，你就要考虑，这样的友情是否值得要了。

第三，我觉得楼主应该明确这样的思想，一段真正的友谊是以互相尊重为前提的，它能够给双方都带来快乐。如果一份友谊要以一方的委曲求全和牺牲快乐为代价的话，那它就不是真正的友谊。

希望以上建议，能够对你有所帮助。

不让同学抄袭反被批"不诚信"，怎么办？

琚金民

楼主求助帖：

我成绩在班上名列前茅。期中考试前，我的同桌说她物理成绩不行，要我在考试时把试卷举起来让她抄。我不好意思当面拒绝她就答应了。考试时，她多次向我发出"求救"的信号，我要做试题，没理她。考试结束后，她大发雷霆，说我说话不算数，欺骗她，要不然她会找其他同学帮忙，考试成绩就不会这么惨。平时不好好学习，考不好怪我没给她抄，还说我不诚信。这能怪我吗？接连几天，我和同桌的关系变得紧张起来，我不理她，她也不理我。我该怎么办？请各位大侠替我出出主意，在下感激不尽！

我要发言：

一楼　一米阳光

你的同桌也真是的，自己不认真学习，想通过作弊来取得好成绩，以此来欺骗老师、家长、同学，这本身就是不诚信的行为，别人不让她抄袭，她反而责怪别人"不诚信"。她有什么资格责怪人？你不让她抄袭，使她的作弊行为没有得逞，英明，我为你点赞！

二楼　空谷幽兰

其实，你也要反思自己，不想让人家抄就早告诉她，那样她也不会责怪你不诚信。如果你考试前不答应让她抄，她也许就不会产生依赖心理，而是认真复习自己不擅长的物理。同学要抄袭，做坏事，你不及时劝阻，还说帮她，你是把她往火坑里推啊！

三楼　信任无价

楼上说得对，你表面答应让她抄，早就想好了考试时不让她抄，表里不一，这种做法确实不厚道。这件事毕竟因你而起，你要向她真诚地道歉，主动一点，大度一点，冷战有望尽快结束。

四楼　实力才是硬道理

你先要讲清你的过错，再讲清她的过错，抄袭的危害性一定要讲透，劝她用勤奋的汗水来浇灌成绩，这样的成绩才有意义。虚假的成绩只能骗得一时骗不了一世，只有提升实力，才无惧考试。你可以真心帮她提高成绩。

校园智多星支招：

相信楼主看了四位大侠的高见，一定知道该怎么做了吧！可以从以下几个方面着手：

第一，要明辨是非，对不当要求说"不"。同桌考试前提出向你抄袭的请求，你应该直接拒绝她。帮人作弊，以欺诈的手段获得高分，这种行为是不光彩的，这种助人行为也是一种有害无益的欺诈行为。不要因为面子就轻易答应，你一答应，同桌就把希望寄托在你身上，自己不认真复习。如果你及时回绝她，并劝她认真复习，她即使考得差也不会责怪你。

第二，"道歉"与"批评"双管齐下。但同时也要和同桌说明抄袭的危害性，抄袭来的高分对她的学习没有好处，模糊了她的视线，让她搞不清自己的薄弱点，也不利于老师对症下药，从而让老师对她产生错误的分析。一旦事情败露，同学们就会瞧不起她，老师也不会相信她，甚至对她所有科目的成绩产生怀疑。

第三，让同桌学会换位思考。让她站在你的角度设身处地地去体验一下你的感受，如果她是你，你当面向她提出考试作弊的要求，她会不会当面拒绝呢？当面拒绝会伤人自尊，让对方难堪的。也许她也会选择答应。考试时，当她意识到不妥时就不会给你抄。这样的言行不一，其中是有缘故的。

第四，真诚地帮助她，主动化解矛盾。这次考试，她物理成绩虽然不好，但是反映了她真实的学习情况。你可以和她一起分析她的试卷，让她知道自己的薄弱点，建议她如何突破薄弱点，还可以向她推荐一些好的学习方法。

同学是"补刀王"，怎么办？

琚金民

楼主求助帖：

我的好友是个"补刀王"。一次，我和几个朋友一起聊天，我说："我这次物理考试没及格，心情不好。"不料，他却当着几个好友的面说道："就像你物理考过及格一样，没及格那是家常便饭。"满以为他会安慰我，结果却打击我，让我真的很尴尬。还有一次，我作业忘了带，向组长解释，不料他却在一旁说："忘了带，真的吗？恐怕是玩游戏没做吧。你的套路很深啊！"组长听了他的话，报告给了老师。老师不点名地批评我光顾玩不做作业还撒谎。其实，我真的做了，只是忘了带。好友是个让我难堪的"补刀王"，还喜欢针对我，我该怎么办？

我要发言：

一楼 其实你不懂我的心

"补刀王"同学真是让人难堪，别人的伤痛他不去安慰，相反却在别人的伤疤上撒盐，这种人情商不高，逮到谁就讽刺一通。为了避免尴尬和伤害，少和他待在一起。谁都有不堪的时候，失意痛苦时需要的是温馨的

94

安慰，可他把自己的快乐建立在别人的痛苦之上。

二楼 造弹砖家

"补刀王"确实不受欢迎，人家需要"面包"，他却给人家"炮弹"，人家本来遇到坏事心情不好，他却让人家心情变得更糟糕。这种人缺乏共情的能力，不能设身处地地站在别人的立场体验别人的感受。其实，你可以以牙还牙，当他失落时，你给他"补刀"，让他尝尝"炮弹"的滋味。

三楼 残忍的真相

楼主，其实"兼听则明"。"补刀王"说的话是很难听，但话糙理不糙。他只不过是在不适当的场合说了一些接近真相和事实的话。他的"补刀"让你难堪，其实换个角度来说对你是好事，人不光要听顺耳的漂亮话，也要听逆耳的真话，多点刺激可以提高心理承受能力。一旦人心变大，再大的事也会化小，你就不会再觉得他的话刺耳了。

四楼 刘基二世

亲，"打铁还需自身硬"。你如果自身很强大，别人即使想找到讽刺你的把柄也难。你不要埋怨别人怎么样，嘴长在别人身上，你也堵不住。你要改变关注点，把目光从别人身上转移到自己身上，你能把握的是自己。你能做到的是尽量少给别人嘲笑你的机会。

校园智多星支招：

第一，要调整心态，以利导思维来看待。要朝自己有利的方向思考。"补刀"也不完全是坏事，它能让你深刻地认识到身上所隐藏的缺点，这是最尖刻的提醒。另外，多听点逆耳的话，可以提高自己的心理承受能力，让你的内心变强大，这对你的健康成长很有帮助。

第二，以其人之道，还治其人之身。"补刀王"虽然说的大多是实话，但让人难以接受，并让人心里反感。他也许是心直口快，自己感受不到"补刀"对别人的心理伤害。你在生活中不妨找机会当众"补刀"，让他尝到被嘲讽的难堪，促使他学会换位思考，学会用比较委婉的方式与人交谈。

第三，反思自己，做出改变。为何自己总能被别人抓到"补刀"的机会呢？如果你的物理成绩不错，别人还会嘲笑你物理总是考不及格吗？如果你作业带了还会出现被"补刀"的情况吗？人家说你套路很深，你也要反思一下，曾经有没有找借口不做作业、糊弄检查的行为呢？

第四，转换关注点，完善自己。现在你不必担心别人是否挖苦你，别人的言行你难以操控，你能操控的是自己，你要把精力放在提升自己上，一心一意谋个人的发展，不要让外界的干扰遮住视线。走自己的路，让别人去说吧。

同桌喜欢命令我，怎么办？

闫　涛

楼主求助帖：

各位大侠，你们好！我是一名初二的女生，最近我遇到了一件麻烦事儿，今天说出来请大家给我出出招。我有一个男同桌，他的性格很强势，最近总是喜欢命令我，一会儿让我做这个，一会儿又让我做那个。如果我不听他的话，那么他就会没完没了地和我絮叨，严重影响了我的学习和正常生活。现在，他还有些变本加厉，我真的不知该如何对待他，我想好好学习，保持正常的同学关系，可是却不想每天被人呼来喝去，谁能帮帮我呢？

我要发言：

一楼　四季常青

听了楼主的遭遇，我深表同情。其实，同桌之间应该相互理解和尊重，如果一味地对人颐指气使，那就不应该了。如果楼主认为同桌做得不对，我觉得最好的办法就是离开他，让老师给你调换一个座位，这样问题不就解决了吗，同时又不伤彼此的和气。

二楼　小草望月

我建议楼主学会以牙还牙，既然他喜欢那样命令你，那么你不用生气，也不用抱怨，你也命令他不就可以了吗？如果他不听你的话，那么你就对他说："我让你做什么你都不做，那你有什么资格命令我呢？"采取这样的方式以后，如果他还有一点自尊的话，一定会羞愧万分，无地自容，从而困扰你的问题也就迎刃而解了。

三楼　齐天大圣

此时此刻，你不要生气，而应该采取策略。你可以推荐一些关于人际交往方面的书籍给他看，告诉他自己的事情自己做，以命令的态度对待他人是很不礼貌的行为。让他注意自己的言行举止，一个男孩子要有绅士风度，不能对女孩子无礼。你要明确告诉他，任何人都不是他的仆人，指使和命令别人是不对的，要改正他的缺点和不良习惯。

四楼　熊大熊二

彼此推心置腹地谈一次，我想他那样做肯定有自己的缘由，可能是在家里总是命令家长。但是你跟他谈的时候，一定要让他明白你不是他的亲人，只是他的同桌而已，同桌可以做一个倾听者，却不是奴隶，所以他是无权命令你的，我想这样之后，他应该有所改变。

校园智多星支招：

几位大侠真是快言快语，你们的办法都不错，都能够从不同程度上解决问题，我很赞成，其实面对这样的问题，我建议楼主可以从以下几个方面去做。

第一，以牙还牙。你要告诉他，他命令你做事情，首先是不尊重你的表现，其次是他自己没有独立的思想意识，总是去依赖别人。你可以用他对待你的方式对待他，让他体会到被人命令的苦楚，品尝被命令的滋味不好受。让他换位思考，从思想上改变自己的行为。

第二，调换座位。由于你是他的同桌，他可能了解你的一些性格特点，有恃无恐地去命令你。所以你可以主动与老师沟通，让老师帮你调换座位，寻找适合你性格的同桌坐在一起，这样才有利于提高你的学习成绩。调换了座位，你们之间距离远了，他就不会再去命令你了。

第三，沟通交流。你可以和他谈谈，他的这些行为表现，是因为有什么心事，还是因为从小养成的不良习惯。倾听完他的心声，然后你说出自己的烦恼，让他去理解你，从而不再去命令你。中学时期的同桌，友谊是很珍贵的，希望你能很好地处理和同桌的关系。

背后议论"班花"被发现，怎么办？

✎ 琚金民

楼主求助帖：

我们班男生搞恶作剧，把班上长相最难看的女生称为"班花"，这是反语，意思是说她是班上的"丑星"。开展集体活动时，男生都不愿和"班花"同组。因为中考要考体育，班主任让体育委员把全班同学分成六大组跑步。体育委员在课间时问我们有什么要求，我知道男生都怕和"班花"分在一组，故意说希望体育委员把"班花"分到他自己那一组，体育委员笑道："那不是要我的命嘛，你还是饶了我吧！"我们正拿"班花"来打趣，不料，我一回头却发现此时"班花"已站在我的身后。我觉得尴尬极了，背后说人却被逮，怎么办？

我要发言：

一楼　山月随人归

我觉得没必要道歉，也许她根本不知道你们在说她。如果向她道歉，她知道你们歧视她，给她取侮辱性的"绰号"，她的心里更难过。如果她什么都不知道，就没有被人嘲笑的烦恼，你的道歉只是给她徒增烦恼而已，这样的道歉不要也罢。

二楼　勇于担当

你们在背后嘲笑别人，本来就有错，是你们伤害了她，而不是她伤害了你们，你们应该为自己的不当行为负责，如果你抱着侥幸的心理认为她没听见，把她当聋子，不想道歉，也许暂时能应付过去，但纸是包不住火的，她迟早会知道的，到那时你就会很被动。

三楼　诸葛再世

楼上说得对，伤害了别人就应该真诚道歉。你应把事情和她说清楚，深刻检讨自己的过错，以诚心打动对方，求得对方的宽恕。你要深刻反省自己，怎么能在别人背后嘲笑她呢？不管对方是否听到，你的言行都是不当的，都会直接或间接给对方造成伤害。你要管的是自己，管好自己的不当言行，别让不文明的言行伤害了别人。

校园智多星支招：

楼主看了楼上几位大侠的高见，一定知道该怎么做了吧？建议你不妨从以下几个方面来考虑。

第一，学会换位思考。你要站在对方的角度设身处地地思考对方的感受，如果别人在你的背后嘲笑你长得丑，你是不是很难过？如果别人伤害了你又拒不道歉，你会怎么想？

第二，要反省自己。与同学交往，有没有歧视那些长相不好的同学或者嘲笑成绩差的同学，是不是经常背后说人坏话？经常看不起人，背后嘲笑人，哪有不被当事人撞到的可能呢？

　　第三，真诚道歉是化解隔阂的良方。自己错了就要以积极的态度来面对，改正错误是你的责任。背后嘲笑别人无论对方是否听到都是不文明的，主动承担错误，尽力弥补错误，你会赢得对方的谅解，否则会给别人心中留下一辈子的阴影。真诚的道歉才可以驱除阴影。

同学丢了东西，大家都怀疑我，怎么办？

✎ 闫　涛

楼主求助帖：

我是一名初二女生，家里比较贫穷，可是我的自尊心非常强。有一天，一位同学的手表突然丢了，怎么也找不到了。后来，同学们都把目光集中到我的身上，他们怀疑是我拿了同学的手表。可是，我真的没有拿，我家里虽然穷，但是我人穷志不短，我再穷也不能随便去拿别人的东西。我不明白，大家为什么非要怀疑我，我现在感觉走到哪里都会被人指指点点，请各位大侠支支招，我该怎么办？

我要发言：

一楼　还地王月

楼主你好，你的遭遇我十分理解。因为我上学的时候，也是家里很穷，所以我也很自卑。对于这件事情，我觉得同学们怀疑你是他们的不对，他们不应该根据家庭情况来断定东西是谁拿的。错不在你，而在你的同学。只要你没有犯错误，就不要在乎他们说什么。相反，你如果越是纠结，那么他们就会越怀疑你。该做什么就做什么，别把这件事放在心上。

二楼　苏州园林

这样的事情发生，我觉得很正常。因为如今有些人很势利，你的那些同学就是如此。他们把金钱看得很重要，而忽略了真正的信任与尊重。他们没有把你当成朋友，反正你没有拿，他们也没有证据。猜测终究是猜测，如果有谁说你什么，那么你必须要报告老师。让老师为你主持公道，有了老师的证明，相信那些议论也就会消失了。

三楼　齐天大圣

我建议你找那个丢东西的同学谈一谈。你说出自己的苦衷，也证明一下自己没有拿他的东西，一定要做到真诚，有理有据，以便让他信服。并且可以积极主动地帮助他寻找，这样一来，他也就不会再怀疑什么。如果他都不说什么，那么其他的人可能更不会说什么。

四楼　小草一没

我建议你进行反思，大家之所以都怀疑你，一方面是由于你的家庭困难，另一方面也说明你的同学关系不好。如果有很多朋友，有好的人缘，即使家里贫穷，也不会有太多的人说你。正好，借着这个机会。你应该反思自己的言行和交际方法，找出存在的问题，这样你在人际交往中就会游刃有余了。

校园智多星支招：

听了各位的发言，我觉得大家说得都非常诚恳。这些做法都很值得学习与借鉴，对于你的遭遇，我能够理解，我觉得你大致可以从以下几个方面努力。

第一，走自己的路，让别人去说吧。只要你行得正，坐得端，那你害怕什么呢？时间能够证明一切，等到事情水落石出的时候，就是还给你公道的时候。

第二，可以找丢东西的那位同学沟通。把事情说明白了，说明自己没有拿他东西的理由和时间，同时也让他理解你的苦衷，这样也许能够取得一定的效果，解除大家对你的误会。

第三，你应该反思，自己在人际交往方面是否有问题。你的家庭贫穷，这不是你的错。可是通过这个事也反映了一些问题，你应该找找人际交往这方面的原因，如果把同学间交往的问题解决了，那么你应该高兴才是。

第四，你可以找老师帮助。老师一定能够帮你找到一个解决问题的捷径，你要相信老师，最后祝愿你早日走出困境！

别人说我不是当班长的料，怎么办？

黛 宁

楼主求助帖：

我是一名班长，在过去的一年中，我协助班主任将班级管理得井井有条。在学期末，我们班被评为优秀班级，我也被评为优秀班干部，这让我觉得所有的辛苦和付出都是值得的。可是，进入初二以后，班里有一些调皮的学生不再像初一时那么服从我的管理，于是便有一部分同学在背后说风凉话，甚至有人说我根本就不是一块当班长的料。这些话传到我的耳中时，我伤心极了，心中也打起了退堂鼓。到底要不要继续当这个班长呢？请各路大侠帮我支支招。

我要发言：

一楼　树上蚂蚁

作为一名班长，无论是时间上还是精力上，都是要付出很多的。可是付出之后，却得不到同学们的认可和理解，反而听到一些否定自己的冷言冷语，的确是挺让人寒心的，你的伤心完全在情理之中。

二楼　嘟嘟小熊

楼上说得有道理，可是也许同学当中那些不中听的话并非都是空穴来风呢！换位思考一下，可能既理解了他们，就会从另一个方面看到自己的不足。在反省中改进自己，才可以不断地提高自己，这比简单地选择放弃明智多了。

三楼　三只臭皮匠

在学生时代，一个人的能力会在担任班干部的过程中得到很大的提高。你已经当了一年班长，就这点来说，我想你一定是深有体会的。而且，上一年所获得的荣誉和成绩无疑就是对你的充分肯定。现在虽然遇到了困难，但我觉得想办法解决才是正道理。

四楼　清风明月

别人的话，不一定全都是对的，你要冷静分析，才能对自己做出客观评价。有则改之，无则一笑而过，不可因别人的一句话就将自己给轻易否定了，我觉得这是万万不可取的。

校园智多星支招：

我想楼主在听了上面四位大侠的高见之后，对于该怎么做，一定心中有数了吧。建议你不妨从以下几方面来考虑。

第一，冷静下来分析一下那些冷言冷语，它们是一面审视自己的镜子。若从中能看到自己的不足之处，认真改正，对自身也是一种提高。如果纯粹是一些毫无意义的风凉话，就不必放在心上，完全没有必要为了别人不公正的评价去否定自己、改变自己，客观公正评价自己很重要。

第二，上学时，除了读书获取文化知识外，提高自己的表达能力、与人交往的能力、组织能力也同样重要。担任班干部，无疑为这些方面能力的提升提供了一个平台。因此，你真的不应该轻易放弃这样一个提高、锻炼自己的机会。

第三，开诚布公地跟同学们谈一谈，也许你会收获意外的惊喜呢，毕竟没有人可以拒绝真诚。再者，你为班级的付出大家也是有目共睹的。另外，你也可以将自己的困惑和窘境求助于班主任，他是最熟悉这个班级的人，也是你最有力的支持者。相信，他可以帮你判清局势，给你最有力的帮助。

"兵来将挡，水来土掩。"与其退缩，不如迎难而上吧。希望以上招数，对你能够有所帮助哦！

同学都说我忘恩负义，怎么办？

✎　闫　涛

楼主求助帖：

我的家庭条件不好，班里有一位非常热心的同学，他送给我很多学习用品。我非常感激他，可是有一次他和外校同学打架斗殴，情况很严重，我不忍心看他继续这样错下去，于是向班主任说了他的问题。班主任严厉地批评了他一顿，可是从那以后，他就不理我了。而且其他的同学都说我忘恩负义，我真的不知道该怎么办，恳请各位大侠支支招。

我要发言：

一楼　没商量

虽然你家境贫寒，可是你却懂得感恩。同学对你的评价就是一种误解，他们不理解你的初衷。你是为了那个同学好，不想让他继续犯错误，你是在帮他。那些同学只看表面现象，并不知道事情的原委，他们的做法是不理智的。你不用理会他们，因为你做得问心无愧，早晚有一天，他们会明白你的良苦用心。

二楼　小树一棵

我能够想象出来你的窘境，其实同学们对你有那样的看法也不奇怪，毕竟你的做法的确让他们难以接受。既然你是为了他好，那么你就应该把自己的真实想法说出来，这样才是解决问题的最好方法，你虽然心里是为那个同学好，可是嘴上不说，大家自然就会误解你。所以，这件事你还真不能怪你的同学们，你把自己的想法说给大家听听，这样才可以解决这个问题。

三楼　清水芙蓉

我觉得最关键的还是当事人，那个对你有恩的同学，他能够帮助你，说明他的品质也不错。你一定要让他明白你的良苦用心，如果他都不理解，那么别人就更不用提啦。所以，我觉得你应该和他推心置腹地谈一谈，说他打架斗殴的行为是不对的，他明白了自然就不会误解了。他想通了之后，自然就会告诉更多的人，到时候，你就会摘掉那个不好听的帽子，同时收获同学们的另一种尊敬。

四楼　七月流火

通过这件事情，你也应该反思，是不是自己的方法不对，虽然是为了对方好，可是也应该讲究方式方法。可事已至此，你不用着急上火，也不用懊恼与无奈，而应该用实际行动来证明你不是忘恩负义的人。你切不可找老师帮助，那样只能让情况更糟。你应该给他更多的关心与帮助，这样大家逐渐会被你感动，也可以让你逐渐洗清那个罪名啦。

校园智多星支招：

听了楼上几位的发言，我大开了眼界，应该说各位的意见都很中肯，都是从实际出发的，都有可行性。下面我就将大家的观点综合一下，简单谈一谈。

第一，你必须得让帮助过你的同学和其他同学明白一件事，打架斗殴本来就是违法乱纪的事情，你所做的一切都是为了于你有恩的同学好，并不是为了自己，更谈不上忘恩负义。

第二，你应该注意做事的方法，由于你的做法让自己处于被动的境地，以后做事之前应该思虑周全，虽然你是做好事，可是也得考虑后果。

第三，你应该用行动来证明自己。当别人有困难的时候，你要挺身而出，当别人需要你做什么的时候，你也应该尽心尽力，这样大家自然就会消除对你的误解。

第四，你应该调整好自己的状态，不要悲观失望，更不要忧伤难过，有困难就去解决，要积极应对，而不是消极逃避。希望你早日走出困境。

不善与室友相处，怎么办？

🖋 **方尧尧**

楼主求助帖：

从这个学期开始，我住校了，我不大会和室友相处，所以对住校生活很不适应。

我很内向，见了别人不知道该说些什么，别人觉得我不爱说话，也不太理我。有时候我也和室友在一起闲聊，可是聊的时候，我心里会因为不知道该说些什么而紧张，总是找不到话题，这是"交往恐惧症"吗？

我的一个室友很开朗，别人也都对她有好感。相比之下，我更加觉得自己的交际能力不行，每天都在想着怎样和室友打成一片，在她们面前自然一点，但是却越想越不开心，我觉得自己像陷入了一个泥潭，我该怎么办呢？

我要发言：

一楼　天使在人间

如果你的性格比较内向，多倾听其实也是一个很好的选择。你与室友相处的时候，可以从有礼貌地聆听开始，对人随和一点，尽量多关照一下别人。但前提是，千万不要为了讨好别人而勉强自己做一些不愿意做的事情。那么多同学，能分到一个寝室是很不容易的，你们就像是一个家庭里的兄弟姐妹，这种缘分是很可贵的。

二楼　听雨轩

微笑是打开心门的第一步，多对周围的人微笑，你将会在最短的时间内成为最幸福的人！见到室友的时候不要悄无声息地低头走过，而要抬起头热情地打一声招呼，这会让自己和室友的心情都灿烂起来。

三楼　捞月亮的人

记得刚上高中的时候，我对住宿生活也很不适应，但是慢慢和室友就会很谈得来，你想啊，大家都是抬头不见低头见的，谁喜欢不自在啊？人无完人，室友间相处难免会有矛盾，你凡事不要太计较，要大度宽容，没有人会忍心拒绝善良宽容的人。

多和你的室友沟通，同龄人还是比较好沟通的，只有交流才能增进了解，才会经历从陌生到要好的过程，别忘了，交流是拉近你们心灵距离的桥梁呀！和你的室友们聊聊你们共同关心的话题吧。

校园智多星支招：

很多中学生是独生子女，有些人习惯了一人住一间，住校后，几人一间，大家朝夕相处，感到不适应是在所难免的。这就需要我们摆正心态，积极地融入大家庭，而不是消极地回避。

第一，要克服恐惧心理，勇敢地和大家交流，毕竟是同龄人，可以交流的话题很多。

第二，要秉承求同存异的原则。对于别人和自己的不同之处，要学会尊重和包容。对于相同之处，比如你们有共同的兴趣爱好，可以以此为切入点走得更近，成为朋友。

第三，要学会换位思考，严于律己，宽以待人。要多注意和学习别人的优点，不要总抓着别人的缺点不放。

第四，我还想请住校的同学们注意以下几点：

1. 晚上不要太晚回宿舍，开门关门动作要轻，尽量不要打扰到别人休息和学习。

2. 要主动打扫卫生，保持宿舍干净整洁，把它当成一个小家去经营，让生活在其中的每个人都有舒畅的心情。

3. 要宽容，别因为一点儿小事争吵，尽量少做或者不做室友讨厌的事情，把室友当成你的兄弟姐妹。

同桌让我当"红娘"，怎么办？

付雨欣

楼主求助帖：

各位大侠，我最近可是十分烦恼啊。我的同桌喜欢上了邻班的一个女生，而那个女生竟然是我以前的同学，得知这个消息后，我的同桌就盯上我了，他软磨硬泡地让我帮他牵线，可是我一向老实，见到女生就脸红。况且这又不是什么好事啊，怎么能帮他呢？但他毕竟又是我的同桌，每天抬头不见低头见的，哎哟，我到底该不该帮啊？我为此很苦恼，不知该如何是好，哪位大侠有高招帮帮我呢？

我要发言：

一楼　奇甜大剩

对楼主的遭遇深表同情，但是我真心觉得你的同桌不怎么样，不好好学习，却琢磨着怎么早恋，还要让你蹚这浑水，这算什么事呀？对于这样的人，你还是不和他做同桌为好，离开他，问题也就解决了。所以，我建议你找老师，调换一下座位，让他和你分开，这才是明智之举啊。

二楼　降魔猪师弟

我认为你不能帮他。你的同桌思想出了问题，这样的人是需要教育的。如果你帮他牵线，那不是真正的帮他，而是在害他，是助纣为虐。因为一旦陷入早恋的泥潭，那将难以自拔。到头来，你作为牵线搭桥的人，会和他一样后悔的。所以，宁可让他现在不理解，也不能让他恨你一辈子，坚决不能帮这个忙。

三楼　无边吸引力

我能够理解楼主的心情，面对这样的情况肯定很纠结。自己同桌的请求，如果不帮忙恐怕说不过去，可是帮他忙却也是错误的，总之纠结是难免的。对于这种情况，你在捎话的时候，可以直接和你的前同学谈，让你的前同学拒绝他。这样你既帮了同桌，同时又没让他"得逞"，岂不是一举两得？

四楼　雪顶咖菲菲

楼主，我认为你不能助长这种歪风邪气，对于这种事情，你必须严肃地Say No！首先要和他明确提出你不会帮他，因为这不是学生该做的事情。同时，你要和老师反映这件事情，让老师找他谈话，以免你的劝说不奏效，他的小火苗"死灰复燃"。

校园智多星支招：

楼上各位大侠都说出了自己的观点，每个观点都有一定的道理。哲学老师说，事物都有两面性的，因此我们要辩证地看问题。对于这件事，也要采取这种态度呢。

第一，讲道理，让同桌明白这件事的危害性。其实，你的同桌可能是一时鬼迷心窍，如果你能够跟他讲道理，分析现在恋爱的负面影响，帮助他树立正确的人生观，端正学习态度，明确现阶段的主要任务，可能他就会悬崖勒马。

第二，选择课外活动，分散他的注意力。你可以多和同桌到操场上玩球，参加团体活动，或者进行其他的体育赛事活动，这样就可以分散他的注意力，让他减少对异性不切实际的幻想。

第三，用善意的谎言，让他彻底死心。你可以告诉他，说你的同学根本对他没有好感，还说他成绩差，以此刺激他，没准他还会为此而努力学习呢？呵呵，总之，无论如何都不能影响那个女生，同时也不能够帮他这个忙，而应努力让他早日打消这个念头。

俗话说："兵来将挡，水来土掩。"遇到这种两难问题，楼主不要着急，我们见招拆招就是了，期待以上的招法能够帮到楼主哦！

不喜欢的人要加入我的团队，怎么办？

✒ 琚金民

楼主求助帖：

我是一名高一女生，在班级内担任班长。最近，学校要举行辩论赛，每个班级要组织一支辩论队来参赛。班主任把组队这个光荣的任务交给我，让我负责。有好几个同学报名了，其中还有一个我不喜欢的同学，她就是小蓓，小蓓这个人喜欢贬低别人抬高自己，骂人总是尖酸刻薄，多次在公开场合怼我，让我很难堪，让我的工作很被动。我真的不想她加入辩论队，可她很积极，非要参加不可，我该怎么办？恳请各位大侠支支招。

我要发言：

一楼　八月涛声

楼主，我觉得小蓓这种人情商低，说话尖酸刻薄，根本不考虑别人的感受，缺乏团队协作精神，如果让她加入辩论队，会引起其他队员的不满，团队就会人心涣散。当断不断，反受其乱，不让她加入，对辩论队有利。

二楼　头高数丈触山回

我不支持楼上的看法。辩论队是班级的团队，并不是班长私人的团队，班长不能以权压人，要不要吸纳她，应该多听听同学们的意见，了解大多数人的看法如何。如果因为她怼你，对你不友好，你看不惯她，就不让她加入辩论队，有点公报私仇，作为班长这是不对的。

三楼　须臾却入海门去

完全支持楼上的意见。既然班主任把这个任务交给你，你就应该出色地完成任务，你考虑的问题是如何组建好最佳的团队，选择在辩论方面能代表全班的最佳队员，不要管这个人和你关系是否亲密，要管的是这个人是否有突出的辩论才能，否则是任人唯亲。如果你戴着有色眼镜看人，就可能把有才能的人排除在外。

四楼　卷起沙堆似雪堆

楼主，你也要反思一下自己。她多次在公开场合怼你，为什么？有没有你自身的原因？是不是你觉得自己是班长，具有权威性，其他同学不能对你提意见？你在为人处世方面有没有考虑别人的感受呢？你有没有主动和她进行沟通呢？

校园智多星支招：

听了以上几位大侠的高见，相信楼主一定知道该怎么做了吧？我们从以下几个方面来考虑：

第一，转换角度，欣赏他人。小蓓说话尖酸刻薄，如果不用挑刺的目光来看，换用欣赏的目光来看，她就是思维敏捷、伶牙俐齿，这种素质正是辩论所需要的。所以，从这个角度来看，她口才颇佳，是合适的辩手人选，辩论时能攻能守，对方可能无招架之力。

第二，全体参与，民主决策。不要意气用事，你要多听听其他同学的意见，听听老师的看法，综合大家的意见再定夺。如果多数人都认为她适合加入辩论队，那就让她参加；如果多数人都认为她自以为是，没有礼貌，缺乏协作精神，不适合加入辩论队，那就不吸纳她。

第三，主动沟通，消除成见。你不喜欢她，可能是你在说话时没有设身处地地考虑到她的感受，也可能是她没有设身处地地考虑到你的感受，还可能是你对她抱有成见，给她贴上"讨厌"的标签。你可以反省自己，想一想自己在哪方面做得不足。作为班长，你要抛弃成见，主动和她沟通，和她握手言和，让她感到集体的温暖和关怀。

第四，全局观念，开阔心胸。如果你因为和小蓓的关系不好，就把她拦在门外，不让她加入辩论队，班上的同学会认为你这个班长没有全局观念，心胸狭隘。如果你赏识她，重用她，反而会开阔你的心胸，另外还有可能让你和同学们的关系变得更好，提高你在同学们心中的威信。

对方发来"粉红短信",怎么办?

方尧尧

楼主求助帖:

现在有人在吗?刚刚正在做作业,突然收到一条短信:"你的一颦一笑都是我想念的理由,风中你的回眸总是扯乱我的思绪,感受着你,每时每刻都是我最大的满足。"这就是传说中示爱的"粉红短信"吧?给我发这短信的,是我一个要好的男同学,他平时对我就挺照顾的,我好兴奋啊,可现在还是读书的年龄,我们应该拒绝早恋,可是又怕拒绝不当影响了彼此的友谊。大家给我出出主意啊!

我要发言:

一楼　江边风铃

中学生是情窦初开的年龄,遇到"异性表白"的情况是很正常的,所以,当我们遇到这样的事情时,不要太紧张,"哪个少女不怀春?哪个少男不钟情?"对待这种事情千万要有平常心,现在校园很多女生把谈恋爱当作炫耀的资本,这样的心态是要避免的。

二楼　大爱无疆

这样的事情，我也经历过哦！兴奋也是正常的，毕竟被人喜欢就值得高兴，但是，我们还年轻不懂爱情，往往把懵懂的欣赏与好感当作爱情。我们要有清醒的认识，否则会造成不良的后果。

三楼　春天花会开

楼上两位对事情的分析十分到位，但是，楼主还等着学如何回复呢！让我们一起出出主意，我觉得，你可以对其"冷处理"不闻不问，就当没发生过，对方知道你无意就会放弃的。

四楼　北方的巷子

我觉得不应该无情拒绝，毕竟对方是出于真心，所以，楼主应当委婉地拒绝，比如巧妙地给他回复道："你发的短信语句太优美了，这是哪位作家的诗句啊，有机会一定要在班级的演讲课上给大家完整地朗诵一下哦。"这样对方知道你善意的回复，会欣然接受拒绝的。

校园智多星支招：

我觉得楼上的几位说得很好，对待"粉红短信"关键是要有一个良好的心态，不需要紧张，因为这是青春期会遇到的正常事情。当然，也不要过于在意，甚至认为这是值得炫耀的，因为每个人都会面对这种事情。

如何处理异性的表白，楼上已经给出了两个方法"冷处理"和"委婉拒绝"，说得很到位，我就不多说了，我在此再介绍一个方法"幽默拒绝"。幽默不仅有效而且还不伤害双方的友谊，比如你可以回复："你才多大啊，就懂得幽默了？小小孩子家说出这样的话，我纯洁的心灵会承受不了的哦！"

同学对我恶语相向，怎么办？

✎　苏小周

楼主求助帖：

为什么那么多倒霉的事情都让我给遇上了！上次，学校举行演讲比赛，我是我们班唯一参赛选手，满以为有希望获奖。可是在演讲那天，由于我太紧张老是忘词，结果比赛成绩一塌糊涂。同学们十分气愤，班长见到我，气愤地说："你这个猪脑袋，平时看你智商还可以，怎么关键时候就不行了？你以后别去参加什么演讲了，尽给我们班丢脸！"

还有，上学期期末考试，我的数学成绩不理想，课代表指着成绩单对我说："我看你真的是没有救了，我们小组摊上你，只有落后了。"谁都会犯错啊，为什么这么无情地指责我？

每次遇到这样的事情，我就会十分郁闷，这不仅影响了我的情绪，而且还浇灭了我学习的热情。我该如何应对这种情况啊？

我要发言：

一楼　happy 耶

这种情况呀，还得反求诸己，从自己身上找原因。自己没有做好，就怨不得别人，只要你每次都做好了，他们就没有理由指责你了。

二楼　壳壳儿

不妨跟他们解释一下，谁都有犯错的时候啊，因为犯错就把别人贬低得一文不值，也太过分了吧！况且他们只不过是班干部，有什么权利那么说？实在不行找老师，必须端正他们的态度！

三楼　巴黎洛夫

走自己的路，让他们说去吧！干好自己的事情就行，何必在乎那么多呢？

四楼　西北偏北

遇到这种情况时，不妨将计就计，你可以说："你说得对，你都是为了班级的荣誉才这么说的。"等他得意的时候，你就反问道："你刚才说的脏话不也是在损害班级的荣誉吗？"让他自取其辱。

五楼　七宗罪

好好改正自己的毛病，把自己打造得无可挑剔，切莫因为别人说你，你就丧失了自信哈！

校园智多星支招：

在我们的校园生活中，经常遇到这种同学之间恶语相向的情况，我们该如何处理呢？

我觉得，双方都应该从自己的身上找原因，楼主首先要摆正自己的心态，或许对方是一时冲动才说这些话，你不要过于在意，要先改正自己的毛病。同时，对他人的恶语相向，也不要逆来顺受，不妨找个机会和他谈谈，语言铿锵地言明恶语相向的危害，不仅会伤害同学自尊心，破坏团结，还会损害说话者的形象。建议他换位思考一下，假设别人对他说类似的话，他怎么想呢？

另外，切忌因为这些事情影响同学感情，多些宽容，相信你的真诚和努力，一定会迎来崭新的开始！

- 解码青春期
- 心理健康课
- 趣味小测试
- 快乐聊天室

扫码获取

同桌在我的帮助下反超了我，怎么办？

✒ 琚金民

楼主求助帖：

我是一名尖子生，成绩在年级总是名列前茅。同桌阿香经常向我请教，我毫不保留地教她，阿香以前成绩中等偏上，现在她进步很快，平时测验成绩有两三次竟然比我还高。阿香在我的帮助下超过了我，我心里很不是滋味。阿香还像往日一样向我请教，我不想看到她再次超过我就不再帮她。可是，我又觉得这样做有些不妥。但对我来说，"帮"与"不帮"确实是个两难的选择。我到底该怎样选择呢？请各位大侠支招。

我要发言：

一楼 山月随人归

楼主，有个故事是这样说的，有两只山羊都要过独木桥，分别在桥的两头，当它们走到独木桥的中间时互不相让，最后双双坠入峡谷里。后来又有两只山羊也过独木桥，当它们在桥上相遇时，它们并不争抢，而是互相拥抱，然后转身，于是它们都顺利过桥了。这个故事说明合作才能双赢。现在学习离不开合作，你当然应该帮阿香。

二楼　打拼靠自己

我不太支持楼上的意见，因为楼主和同桌的关系并不是合作互助的关系，我只看到楼主对同桌的帮助，而没有看到同桌对楼主的帮助，楼主已经帮得太多了，该考虑一下自己的发展了，再说同桌已经反超你了，你得先做好自己。

三楼　择善而从

楼主，同桌的成绩开始超过你，当然这离不开你的热情相助，但这只是其中一个因素，而不是唯一的因素。你应该从她的进步中找到自己可以借鉴的东西，比如，她的学习态度、学习方法、解题速度与技巧、选用的课外辅导资料等等，她在这些方面有没有比你做得更好的地方。

四楼　朝花夕拾

楼主，要看到学习中激烈的竞争，也要看到在竞争之外还有合作，在竞争中合作，这是学习的常态，你中有我，我中有你。如果只有合作没有竞争，这样的合作层次较低，缺乏提升的活力；如果只有竞争没有合作，过度的竞争会成为自己身心健康的障碍，不会与别人相处，也享受不了温馨的友情。

校园智多星支招：

相信楼主看了楼上几位大侠的高见，一定知道该怎么做了吧。建议你不妨从以下几方面来考虑。

第一，要认识到合作的意义。一个具有合作精神、合作能力的人不仅能向别人伸出援手，也能及时得到别人的帮助，还能与人分享合作的快乐。不要只看到学习上的竞争，没看到合作的积极意义，只看到竞争的无情，没看到合作的温馨。良好的合作能力是一个人在社会立足的基石，可以提升自己的人气指数，加速自己成功的步伐。所以要敞开胸怀，积极与人合作。

第二，要换个角度看"同桌超过自己"。换个角度看，就是"我比同桌落后了"，为什么你的成绩下降了，从课上到课下，从预习到听课再到做作业，各个环节都要反思，从自己身上找原因，别人的进步不是你退步的借口。你一方面要学习别人的长处，另一方面要认识到自己的不足，并加以完善。双管齐下，提升自己才是王道。

第三，要正确处理竞争与合作的关系。同桌的成绩在合作中得到提升，你感受到自己头把交椅的地位不稳，促使你提升学习成绩，这时竞争会成为你前进的动力，激发你的潜能，超越自我。你要以积极的心态来看待竞争，在竞争中可以合作，同桌也有自己的闪光点，你也可以虚心向她学习。合作是双向的，你教她，她教你，这样就可以形成良性互动，相互促进，相互提高，达到"双赢"的目的。

老师对我好，同学妒忌，怎么办？

✒ **亚明辉**

楼主求助帖：

　　我的学习成绩比较好，还是班长，帮助班主任做了不少班级工作。因此班主任对我也特别关心和照顾。不仅在学习上对我悉心指导，而且经常在班级里夸奖我，有时候甚至还会邀请我去他家里吃饭。有些同学因此老是开我的玩笑，说班主任对我就像对待亲生儿子一样，他们甚至还给我起了个外号叫"太子"。有些同学也会经常在背后议论，说班主任什么事都偏向我，这让我很苦恼。

我要发言：

　　一楼　李鬼打李逵

　　我觉得楼主完全不用为了这件事苦恼，你成绩好，又帮助班主任管理班级，哪个老师不喜欢这样的学生呢？其他同学议论你、给你起外号，说白了就是妒忌你。你理他们做什么？所谓"身正不怕影子歪"，如果你认为自己是对的，就应该坚持下去。在一个群体里，优秀的人总是会受到那些平庸的人的议论和嘲笑，你要做的就是不理他们，继续优秀下去。

二楼　来自星星的你

我在班级里是属于不太被关注的那种学生，也想说两句。其实每个学生，都希望自己能得到老师的关心和重视。班级里那么多人，班主任却把大部分的关心和赞美都给了你，其他同学会妒忌和议论也是在所难免的。我希望你能用一种平常心去看待这件事，别觉得那些议论你的同学就是不好的，应该多体谅一下他们的感受和心情。

三楼　喜洋洋

不是所有优秀的人都会遭人妒忌。一个人在班级里朋友越多，议论你的人就越少；你帮助的人越多，妒忌你的人就越少。楼主想一想，你是不是把大部分精力都用在学习和协助班主任处理工作上，而对其他同学的帮助和关心很少呢？既然是班长，就多花一些心思去关心其他同学。如果是曾经议论过你的人，你给予了他帮助，他还好意思议论你吗？

四楼　一幅油画

如果你想让班上的同学更喜欢你，我觉得你必须有更多的谦让精神。比如说，如果班主任表扬班级管理工作做得好，你就应该说这是大家共同努力的结果，把功劳让给大家；如果班主任推荐你代表班级参加某个活动，你也可以想想，班级里是不是有比自己更适合的同学。学会分享，把更多的机会和赞美让给同学们，你在班级里自然能混个好人缘。

校园智多星支招：

以上几位同学说得都很有道理，你各方面都很优秀，班主任会喜欢你，这也是人之常情，你不必太过于烦恼。至于说同学们给你起外号，叫你"太子"，更多的是在和你开玩笑，是一种善意的表现。你看看周围的同学，是不是很多人都有外号啊？同学们跟你关系好，才会叫你的外号，你完全没必要生气。对于你的烦恼，我给你两点建议：

第一，班长是老师和同学间相互沟通的桥梁，既要协助班主任做好班级的管理工作，同时也要为同学们做好服务工作。利用自己的职务，多为同学们做些实事，帮助同学解决困难，同学们自然会更加拥护你、喜欢你。另外，既然你的成绩很好，又是班长，就应该去带动更多的人学习。经常把自己的学习心得和大家分享，多和同学们讨论问题，看谁有不会的问题就帮忙解答，这样既能促进自己的学习，又能增进和大家的关系，何乐而不为呢？

第二，不要把同学们拒之门外，不要因为大家议论你、给你起外号就对同学们有意见。多一点自嘲的精神，主动地去融入大家。如果有人叫你的外号，你不妨说："我特别想当太子，可惜现在早没皇帝了！"用自嘲去化解他人的议论，也能活跃气氛。

当你比别人优秀的时候，要多关心别人，帮助他们解决困难，才不会招人妒忌。当你得到了更多的关心和赞美的时候，学会与大家分享，别人才不会议论你。希望我的话能对你有所帮助。

闹别扭后同学老是找我的碴儿，怎么办？

✒ **忠毅村人**

楼主求助帖：

上周体育课，我因感冒没去上课，在座位上休息，临近下课时，头顶上风扇突然吹得我头痛欲裂。原来是满头大汗的同桌小春正享受强风带来的舒畅呢！忍到预备铃响，见小春没有关电扇之意，我就一边说"我感冒了不舒服"，一边关了电扇，没想到他不仅再次打开电扇，还阴阳怪气地说："我热了也不舒服。"我便控制不住自己，大声喊："你这人咋这么自私！"前来上课的数学老师听到这话，就询问原因，随后又关掉电扇，并对小春进行了批评教育。或许是老师偏向我的行为让小春丢了面子，那以后，他就老是找我的碴儿。比如，当我趴在桌上午睡时，他不是弄书包，就是移凳子，有时还故意碰到我的桌子，搞得我无法入睡，心烦意乱，以致我整个下午学习都不在状态。对此，我该怎么办呢？恳请各位高人予以指点。

我要发言：

一楼　前车之鉴

对楼主的心情，本人非常理解。我在初中时，也曾和一位同学发生摩擦，他时常找我的麻烦，我就跟他针尖对麦芒。结果，我俩的关系自然是越闹越僵，在爆发一场"武力战争"后，我们两败俱伤——都被学校给予记过处分。现在想来，真的是悔不当初！

二楼　同学情深

我比一楼要幸运，虽然也遇到过同桌在闹别扭后找我麻烦的情况，但班上其他同学却敢于主持公道。记得那天对方故意将我的书本碰到地上，邻座一同学见状，马上就指出这个小动作的不妥，班长闻知也随即批评了他。他当众道歉后，我们的关系又和好如初。

三楼　借力打力

有同学主持公道诚然幸运，如果没有的话，不妨请老师出马。毕竟，在"电扇事件"中，楼主也没什么过错，随后对方一再制造事端，真是过分极了。对这种明显是欺负老实人的行为，想必谁都不能容忍！所以，让老师敲打一下对方，很有必要。

四楼　冤家宜解

鄙人认为，"电扇事件"中楼主也有过错。若楼主不去关电扇，而是请对方去关——请他关时，将病情说得具体些，态度再柔和些，是不是完全可以避免当时的摩擦？既然楼主也有一定过错，那么如果主动道歉，使

133

对方找回失去的面子，问题可能会迎刃而解！

校园智多星支招：

看罢以上回答，楼主肯定心中有数了。在此，我想顺着四楼"主动道歉"之说，作几点提醒：

第一，认真审视自我。俗话说，一个巴掌拍不响。摩擦的形成，有时原因不全在某一方，因此，即便自己较对方过失要小，也应主动担当起自己该负的责任。如果有了这种"严于律己"的心理，自然能够"宽以待人"。这也为"主动道歉"奠定了坚实基础。

第二，积极换位思考。审视自己后，我们还要设身处地地为对方着想——他为什么要这样做？他是否也因此受到了伤害？一旦发现对方这样做也有理由，他受到的伤害并不比自己少时，我们也就理解了对方为何一再找碴儿。随之，自会"主动道歉"，走向和解。

第三，敢于主动示弱。大多数情况下，示弱的都是弱者对强者、占理少者对占理多者，但如果能反过来——强者对弱者、占理多者对占理少者示弱，就可以凭借博大的胸襟和非凡的气度感化对方。蔺相如引车避匿而致廉颇负荆请罪，即是很好的例证。

同学间产生摩擦、闹点别扭，在所难免，但我们绝不能让它生根发芽，以致激化矛盾。所以，无论是闹别扭之后还是对方故意找碴儿之时，我们都不妨高举"主动道歉"这个利器，以缓和乃至强化同学关系。

谦虚反被同学认为虚伪，怎么办？

✎ **幸福的跳蚤**

楼主求助帖：

亲爱的朋友们，最近我好烦恼啊，大家快来帮我出出主意吧！事情的起因是这样的，自从我获得数学竞赛第一名后，班级同学一再地请求我传授一下学习数学的心得与经验。但我哪里有什么心得和经验啊，只不过和他们一样听课、学习而已，我和他们没有什么区别，也许只是幸运一点而已。于是，我就这样说了。没想到我的谦虚竟被一些同学认为是虚伪，他们说我没有获奖之前那么实在了。天哪！我还是我，只不过是认为有一点成绩之后，不应该更谦虚一些吗？我的谦虚怎么就成了虚伪呢？

我要发言：

一楼　五月的前奏

谦虚使人进步，骄傲使人落后。我首先对你获奖之后懂得要更加谦虚的做法，表示赞赏。至于为什么你的谦虚会被同学认为虚伪，我觉得是不是与你拒绝帮助他们有关？

二楼　犀利哥

我认为，楼主太过于谦虚了。你看你说出的话，很容易让同学误会你不是真心的，每个人的学习都有独到之处，而你却一直回避，这恐怕造成了同学的反感，他们会认为你获奖之后更应该自信点才对，所以会把你的谦虚认为是虚伪。

三楼　追忆钱多多

我觉得你并没有做错什么，也许是他们没有理解你，多想了的缘故，不用管别人，过一段时间就好了。不过，我觉得楼主一定要把握好谦虚的尺度哦，因为过度的谦虚和骄傲一样都不利于交际。

四楼　真诚与热心

我觉得同学之所以觉得你的谦虚是虚伪，是因为你缺乏真诚和热心，你的成绩提升了，肯定有独特的地方，怎么可能没有心得和经验呢？就算你暂时没有总结出，你也要真诚地告诉同学们你没有找到，然后谈谈你是如何学习的，让同学帮你分析分析你学习过程中独特的地方，这样才能让同学感到你的热心、你的真诚。

校园智多星支招：

同学们，看了大家针对楼主困惑的讨论和建议，我觉得大家说得都有一些道理，在这里，我就给大家总结一下吧：

第一，谦虚是美德，什么时候都不要忘。但在表达谦虚时，应该自然流露，不要一味谦虚，刻意表现，那样就会显得过分谦虚，谦虚得失去了自我，失去了个性。结果适得其反，被人看成"虚伪"，不仅没有博得谦虚的美名，而且招致别人的反感，弄巧成拙。

第二，谦虚不失自信，要敢于说出"我是最棒的"，没有自信的谦虚是真正的虚伪。没有自信的谦虚，会给人造成一种软弱、平庸的错觉，一个软弱、平庸的人，还有什么谦虚可言呢，那不是虚伪又是什么呢？

第三，正确看待谦虚与骄傲。谦虚有时候会让你失去一些可能改变你一生的机遇，也会让你失去许多证明你自己的机会。如果你有可以引以为傲的资本，那么在一定情况下，你不妨大胆地表现出来——用"骄傲的姿态"！

解码青春期
心理健康课
趣味小测试
快乐聊天室

扫码获取

上进被人拿来嘲讽，怎么办？

✏ **文柳英**

楼主求助帖：

我学习成绩优异，品行优良，学校的各项活动我都积极参加，是老师眼中乖巧的好学生。五四青年节前夕，学校要发展一批新团员，我第一个递交了申请书。周末，班上的同学准备去郊外游玩，在讨论参加的人员时，我听到一个同学酸溜溜地说："他呀，是老师眼中的'红人'，都准备入团了，这样的活动不要叫他，免得耽误他的美好前程……"后来，类似的嘲讽还出现过几次。唉，面对他们的嘲讽，我又羞又恼，可一时又束手无策，请各位"大虾"给我支支招！

我要发言：

一楼　猪猪侠

不知道嘲讽楼主的这位同学品行、学业、家境如何？我觉得常拿别人开涮的人要么是家境殷实而学业、能力不如人，要么是心态不阳光，嫉妒心理特别重……那位同学见你品学兼优又积极上进，便奚落你，以满足自己的虚荣心，打击你的士气，平衡自己技不如人的失落感。从这个角度来说，你听而不闻，暗暗为自己的出色而高兴吧！

二楼　洗具一场

对楼主的遭遇我深感同情，现在有的同学老是喜欢打击"先进"，凡是老师喜欢的同学他们就想"排斥"，以此来显示自己的"大众情缘"。我身边就有同学说过自己这样做的"意图"："就是有点看不惯那些抢着表现自己的人。你那么上进，还会把我们这些普通同学放在眼里吗？"楼主，以后有什么活动，真诚地邀请你的同学一同参与，显示出你对他人的重视吧。

三楼　被上帝咬过的苹果

我认为楼主你是心太软，当众嘲讽就是伤害了你的自尊。你怎么不采取一点应对措施？结果让别人误以为你是"软柿子"。这不，后来他们还嘲讽你吧。你应该主动和他们说明，让他们明白你并不是他们说的那样，他们嘲讽你是不对的，同学之间要互相理解，求同存异。

四楼　清风拂面

校园生活单调、紧张，同学之间偶尔开开玩笑，彼此戏弄一番，没什么大不了的呀。因为亲近，所以你的同学才无所顾忌，我想他们并不是存心要给你难堪，只是说话没有注意方式方法而已。当面不好表明自己的心态，你可以利用微信、QQ等方式婉转地提醒他们注意自己的言行呀。

校园智多星支招：

楼上各位的招数各有千秋，我认为遇到这种事，还需要"拿自己开刀"，从自身下手。

第一，应该明确追求上进不是错，要做的是怎样走进同学的内心，赢得他们的尊重。切忌目中无人，也不能和同学针尖对麦芒，使事情恶化。

第二，思考同学那样说，问题出在哪儿。如果是自己过于张扬，太特立独行，就要学会低调一些。在参加活动前，热情地邀请同学一起参加。倘若他们不愿意，至少请他们为你出出主意，让他们感觉你不是高高在上。如果是他们爱捉弄人，你可以来个"以不变应万变"，一笑置之，让他们感觉到你的"波澜不惊"而自知没趣，停止话头。

第三，在必要时，可以来个自我解嘲，笑呵呵地说："哥们儿，你爱吃涮羊肉吗？怎么我的糗事经常被你拿来开涮？"我想，你这样一说，他便会明白你的言外之意适可而止了。试试这些招数吧。

向同学请教问题他总是敷衍我，怎么办？

✎　金　民

楼主求助帖：

我是一名初二男生，平时遇到不懂的数学问题，我总是向同桌请教。他的数学成绩好，成绩在班上名列前茅。每次向他请教数学难题时，他都以"不知道"敷衍我。我心里很受伤。他为什么这样对待自己的同桌呢？我英语成绩不错，别人向我请教英语问题时，只要我知道，都会尽力解答，恨不得把自己知道的知识全告诉对方。我的同桌明明知道，却总是推说自己"不知道"，不愿意帮助人。遇到这种情况，我该怎么办？请各位大侠指点迷津！

我要发言：

一楼　云淡风轻

你的同桌也忒小家子气了，肯定是因为你本身英语成绩好，如果你的数学成绩提高了，整体分数就会大增，在班上名次就会超过他。他怕帮助你后反被你超过，所以就以"不知道"敷衍你。

二楼　一米阳光

楼主，也有可能你问的题目难度大，他确实不知道，只是你误认为他一定知道，因为你判断的理由是他平时数学成绩名列前茅，以为你问的那些题目他解起来都不在话下。如果是这种情况，你就错怪了他。

三楼　山月随人归

也许你平时和他关系不好，对他不友善，或者他对你的某些做法反感，他不想帮助你。你也要找找自身原因，改变一下自己为人处世的方式。要想改变别人，首先要改变自己。

四楼　条条大道通罗马

亲，我也遇到过这样的情况。我以前向同桌问问题时，他也老是敷衍我，后来我就不向他请教了，而是去问班上一些乐于助人的同学，他们总是尽力帮我，我很有收获，你不妨一试。

校园智多星支招：

相信楼主看了楼上几位大侠的高见，一定知道该怎么做了吧。建议你不妨从以下几个方面来考虑。

第一，要搞清他敷衍你的真正原因，对症下药。如果是题目难度大，他确实不知道，你可以向其他高手请教。如果是因为你们之间关系不好，你平时就要改善关系，与同桌友好相处。如果你的某些言行举止让他反感，而且确实是负面的，你要反思，并认真改正。如果他害怕你超过他不想帮你，你要宽容他，有这样的动机也很正常，不要指责他，不要孤立他，用友善的帮助来感化他，要让他意识到合作共赢的重要性。

　　第二，可以利用故事来帮助他提高认识。你可以把名人合作互助的故事拿给他阅读，也可以与他聊聊身边合作共赢的故事，让他意识到单枪匹马打天下的时代已经过去了，当今的时代需要合作共赢，1+1大于2，集体的智慧永远大于一个人的。有句话说得好："你有一种思想，我有一种思想，分享之后，你有两种思想，我也有两种思想。"你要帮助同桌更新学习理念。

　　第三，要向其他高手请教。你们班上肯定还有其他数学高手，你可以向他们请教，总有人会帮助你。你也可以与数学高手进行优势互补，有的数学高手英语不好，你可以向他请教数学问题，他也可以向你请教英语问题，这样的合作能让你们总体成绩快速提升。还可以拓宽思路，有的问题也可以向老师请教，或向高年级的学长请教，也可以利用网络来释疑，听名师在线课堂，也可以在线提问，还可以用家教机来扫描搜索答案，然后自己逐步消化，把不懂的内容弄懂。

同学总是与我暗暗较劲，怎么办？

✒ 石世强

楼主求助帖：

上中学后，每次考试我的成绩在班上都是前三名。排在我之后的那几位同学好像很不服气，我经常隐约地听到他们在商讨办法，怎样来超过我，取代我的位置。但每次考试成绩显示他们都要差我那么一点点，他们很是不甘。现在课堂上只要老师的问题一提出来，他们很快就举起了手，根本不给我回答问题的机会。老师选拔参加市级竞赛的同学，我差点被他们挤下来……我觉得他们处处与我暗暗较劲，我该怎么办？请各位高人给我指点。

我要发言：

一楼　做好自己

楼主，你现在一定要走好自己的路，不要受同学的影响。你每次考试都名列前茅，说明你的实力是非常雄厚的，即使有同学想要取代你的位置，也是需要付出更多努力的。你现在最要紧的是做好自己，一如既往地努力学习，稳步提高成绩！如果因此成绩下降而应验了同学的预言，是不值得的。

二楼　一意孤行

我不完全赞同楼上的观点。换作是你，有同学想方设法要超过你，同时处处在排挤你，不给你展示和表现的机会，难道你心里还觉得好受？特别是同学想要超越你的言行，会给你带来无形的压力和无尽的烦恼，让你喘不过气来，整天都让你生活在一种担惊受怕之中。

三楼　继续努力

一楼说得没错，楼主要以提高自己的成绩为重，不要去想其他的。不过我认为，在提高学习成绩的过程中，要保持良好的心态，不要让同学想要超过你的那些言行影响了你的进步。就算同学在某次考试中真的超过了你，也不要惊慌失措，你下次反超回来就是了，毕竟学习路上一步一个脚印才是至关重要的。

四楼　心花怒放

我想，在当前的情况下，同学想超过你也属正常的，因为每个同学都渴望进步。楼主认为同学的言行给你带来了很大的威胁，真的没必要。同学给你的压力更有利于激发你的潜能，促使你不断进步，再接再厉！为此，楼主应该感谢同学，不然你还真不知自己有多大的潜力呢。

校园智多星支招：

听了楼上同学的发言，让人顿生豁然开朗之感。针对楼主求助的这个问题，我也谈几点个人想法，希望对楼主解决烦恼有所帮助。

第一，心态平和。平和的心态更有利于成绩的提升，楼主不要整天去想同学会超过你的事情，他们想要通过努力超过你是他们的事，你一定不要受他们言行的影响，如果到头来因此影响了自己的成绩，实在是一件不划算的事。

第二，缓和关系。既然同学已经在与楼主暗暗较劲，楼主可以在课余之时多与同学交流。大家敞开心扉，真诚地对话交流，甚至与同学交流自己的学习方法，缓和与同学的关系，心里的压力、烦恼与紧张定然会减轻很多。

第三，更加努力。同学与你较劲的目的是提高成绩，楼主在感到有压力的同时只要更加努力，让他们觉得你是一个不可超越的神话传说，同学们就会更加对你刮目相看，更加佩服你的。

第四，反思自己。如果楼主是因为自己的言行举止高调而引起了同学的嫉妒，这就需要你改正自己交际方面存在的问题，做一个勤奋而低调的学生。到那时，就算有同学与你较劲，也不会暗暗地来，而是会和你言明！

以上建议仅供楼主参考，希望能对你正确认识"同学与你暗暗较劲"这件事儿有所帮助，只要减轻了压力与烦恼，你的成绩肯定会不断进步！

室友老打我小报告，怎么办？

邓公明

楼主求助帖：

各位兄弟姐妹，周末好！这段时间我可是要发疯了，我的室友老向班主任打我小报告，把我害惨了！举两个例子来说吧，有天晚上，我偷偷地拿出手机浏览一下网页，挂了一会儿QQ，结果不幸被半夜起来上厕所的她发现了。于是，第二天，我被班主任骂了个狗血淋头，手机还被班主任代管了两个月。还有一次，我不小心打碎了寝室窗台上的玻璃。当班主任询问是怎么碎了的时候，我说是风太大打碎的。没想到她便向班主任打小报告，结果害得我赔了几十块钱，我心里别提有多么气愤。到现在，我都搞不懂，做这些对她有啥好处，她为啥那么爱打小报告呢？我都恨死她了，我究竟该怎么办呢？

我要发言：

一楼　我最嚣张

我认为打小报告的人，真的很恶心。有话直接就对别人说嘛，为何要在背后偷偷摸摸地说呢？所以，面对打你小报告的室友，应该采取针锋相对的强硬手段，找个机会骂她个狗血淋头，看她以后还敢不敢打小报告。好好给她点教训，以后她就不敢再打小报告了。

二楼　傻瓜有傻福

对于楼上的说法，我不敢苟同。我认为楼主应该静下心来，认认真真地自我反思一下。是不是自己真的做错了事情而不愿意承认呢？你的室友从中又获得不了好处，肯定不会无缘无故地打你小报告的。

三楼　泡沫之夏

我觉得楼主和你的室友都需要批评。一则是楼主在寝室不遵守纪律，晚上用手机上网，挂QQ，势必会影响自己的学习，应该批评。二则是楼主打碎玻璃不承认，缺乏诚实精神，更需要批评。你的室友做得很好，只是，她不该打小报告，而是要当面对你说出来，所以也要批评。

四楼　疯言疯语

我觉得楼主是一个缺乏责任心和纪律性的人。幸好，你遇到一个爱打小报告的室友，要不然，你的行为会越来越偏离正常的轨道，更别说要搞好学习成绩，将来有一番成就了。所以，感谢你的室友，她打小报告，其实是为了帮助你进步啊！

校园智多星支招：

楼上各位网友可谓仁者见仁，智者见智。我觉得都有一些道理。那么，在生活中，我们遭遇了爱打小报告的同学，究竟该怎么办呢？

第一，要冷静客观地分析对方打小报告的内容是否属实。如果属实，那你就要认真想想自己是不是真的做错了，如果做错了，就要加以改正，积极主动地去解决问题。如果不属实，完全可以一笑置之，让时间证明自己的清白。

第二，就是学会和打小报告的人积极沟通。有效的沟通能够解决人际冲突。你可以告诉对方，请求对方直接当面指出自己的不是和失误之处，让自己能够迅速地改正错误。

第三，做好自己的本职工作。作为学生，就应该遵守纪律，努力学习，不做违反班级规定的事情。

- 解码青春期
- 心理健康课
- 趣味小测试
- 快乐聊天室

扫码获取

手机被当作"公用电话"，怎么办？

闫　涛

楼主求助帖：

哎，我那可怜的手机费啊，平常我自己都舍不得用，可是却被同学们一分钱一分钱地消费掉了。由于我在学校住宿，爸爸就给我买了一部手机，目的是能够随时联系我。我平时基本上不往外打，可是同学们却非常"大方"。一会儿小丽用，一会儿小张用，一会儿小王用……给他们用吧，我的手机费几天就没了，如果不给用吧，又影响了同学之间的感情，所以我很纠结，我究竟该怎么办呢？请各位大侠给指条"明路"吧，我不胜感激！

我要发言：

一楼　沧海一声笑

我能理解楼主此刻纠结的心情。给不给同学用，都是一个难题。我的观点是不给他们用，因为你的钱也是有限的，你有多少钱可供他们消费呢？因为你自己还不具有挣钱的能力。因此，必须打住同学们的这种做法。

二楼　小李飞刀

我认为楼上的观点有失偏颇。你想，人家用你的手机打电话，一方面可能确有急事，另一方面觉得与你关系不错，所以才会向你借手机。如果你拒绝了他们，肯定会影响彼此的感情。

三楼　海市蜃楼

遇到这样的事情的确很麻烦，借给同学用影响了自己的心情，不借用就可能影响同学之间的情谊。借与不借都很麻烦，我倒有一个好办法，你不要每次都充那么多话费，让周围的同学知道你的话费所剩不多了，同学们就不会用了。这样既不影响爸爸、妈妈打来的电话，同时也不影响同学之间的情谊，是吧？

四楼　天蓬元帅的梦

如果同学里谁有急事，那么使用一下是可以的。而有些可打可不打的电话，这个时候就不应当借。手机不是用来乱聊的，而是为了家长能够及时找到自己。所以，在学校里一定要正确地使用，不要影响了自己的学习。

校园智多星支招：

自己的手机被当作"公用电话"，究竟该怎么办呢？这的确是个难题，不过也不是没有破解之道。

第一，理解同学所需。在学校里有时的确会有一些急事需要打电话，比如说生病了或者急需找家长等，同学借用一下自己的手机是可以理解的。楼主应当主动把手机借给有需要的同学用，虽然自己损失了一些话费，可是你的做法却起到了帮助同学、与人方便的作用，很划得来的！

第二，如非必要，尽量不要带手机到教室。把手机带到教室不但会影响学习，而且还会有一些不必要的麻烦。所以，如果不是有必要的事情，楼主可以把手机放在寝室里。这样既不影响学习，也不会让你纠结，应当是很好的办法！

第三，如果拒绝，要尽量做到委婉。同学之间的情谊是很重要的，如果因为手机而影响了彼此之间的感情，那是非常不值得的。如果你不想借给同学，那么就应当找一个恰当的理由，注意说话的语气和艺术，不让同学生你的气。

解码青春期
心理健康课
趣味小测试
快乐聊天室

扫码获取

同学总是取笑我，怎么办？

✎　**马志国**

楼主求助帖：

大家好，我是一名初二的学生，由于视力不好，戴着一副眼镜，因此同学们时常取笑我，称我"四眼妹"。前几天，班里举行晚会，每个同学表演一个节目，可是轮到我时，同学们大嚷着："'四眼妹'，来一个！来一个，'四眼妹'！"搞得我十分郁闷，节目也没有表演好。

还有，前几天，我的同桌因为粗心大意，考试时把一道题漏掉了，考完后很伤心。不料，我的好朋友来安慰他时，却说："别伤心了，粗心大意看走了眼，很正常，毕竟我们不是'四眼妹'嘛！"说完后他便哈哈大笑，完全不顾我的感受。同学取笑我，弄得我很不高兴，整日没心情学习，我该怎么办啊？

我要发言：

一楼　针锋相对

楼主也太老实了。别人取笑你，怎能光知道郁闷？对那种不知道尊重别人的人，你就应该还击他们。最重要的是第一次。第一次谁这样对你，就予以警告，警告不成，就以眼还眼，以牙还牙，让他知道知道其中的滋味，他就会管住自己的嘴了。

二楼　温柔一刻

支持一楼。不过，以眼还眼，以牙还牙，太狠了点。其实，你可以拿出点智慧，来点幽默，给对方一个"软钉子"吃。

三楼　和气生财

我看还击不是上策，"战"不如"和"。我们看看周围的同学，那些与大家和睦相处、经常帮助别人的同学，很少有人取笑他们。所以，我看楼主不妨从改善和同学之间的关系入手，大家彼此间和谐、和睦、和气，谁还取笑你？

四楼　一片冰心

最省事的是不理他，晾着他。取笑别人的人，是自己很空虚，想从别人那里找点刺激。你不理他，用鲁迅那句话说，最高的轻蔑是无言，而且连眼珠也不转过去，他会感到很没意思，很郁闷。

校园智多星支招：

过度开玩笑，会伤到别人的自尊。谁被取笑了都会不乐意。所以，为了自己有个好人缘，最好不要取笑别人。换个角度说，如果你被别人取笑了，又该如何面对呢？

第一，机智回应。楼上几位的建议都有可行之处。被人取笑，可以不予理睬，可以有力还击，可以幽默回应，可以双方和谈。最重要的一个回应是，学会表达自己的感受，表明自己的态度。

　　第二，接纳自我。每个人都会有自己的弱项，如果自己不能接受就会特别在意别人的看法和评论。有时候，别人的玩笑可能是无意的或善意的，也会让自己心理反应过度。其实，彻底接纳自我的弱项，自己不在乎了，也就不觉得别人是嘲笑了。因此，不妨学学葛优的自嘲："聪明的脑瓜不长毛"，自己拿自己开涮。

　　第三，完善自我。经常被人取笑的人，往往自身多多少少会有一些问题。比如，有人太软弱，不会自我保护；有人太自私，不顾别人的利益；有人不会说话做事，和大家关系不好；有人常取笑别人，自然就招来别人的取笑。所以，如果经常被别人取笑，就应该反思自我，从完善自身人格素养做起。

155

与老师接触多却被同学当作"眼线"，怎么办？

琚金民

楼主求助帖：

我喜欢数学，因此经常去数学老师的办公室问问题。班上几个同学私下给数学老师起了绰号，嘲笑他的长相，还说他其他的坏话。世上没有不透风的墙，这些话传到数学老师耳朵里。他在班上不点名地批评那些不尊重老师的同学。课下，那些同学把怀疑的目光投向我，说我是数学老师的"眼线"，怀疑是我告密。我否认，可他们就是不相信我。我该怎么办呢？请各位大侠支支招，感激不尽。

我要发言：

一楼　杨柳依依

楼主，我觉得你没必要向他们解释。你越解释，他们越当真，会认为你的做法是此地无银三百两，装无辜。这种事是越描越黑。反正，你没说，就没必要向他们解释，君子坦荡荡，随便他们怎么想。再说，他们给老师起绰号，这种行为本身是错误的。他们犯了错，却不敢认错，相反还想打击传话的人。你别理睬他们，该反思的人应该是他们自己。

二楼　绿蚁新醅酒

亲，我不赞成楼上的意见。你平白无故地被同学当作"眼线"，会影响你与全班同学的关系，恐怕以后你无法在这个集体中立足，他们会把你当作出卖朋友的"间谍"或者"叛徒"。所以，你必须正面回应，他们都已经怀疑你了，你若是不好好回应，他们就真的认为是你干的，认为你是做贼心虚了。

三楼　红泥小火炉

完全支持楼上的观点。窦娥冤在找不到说理的地方，而你能做到，学校是讲理的地方，你要相信大多数同学是通情达理的，只是受了一时的蒙蔽。受了冤枉，就该主动为自己洗清冤屈。如何洗清冤屈？你最好想点办法，可以从侧面出击，让他们知道你是无辜的。

四楼　能饮一杯无

楼主，反正你本来就没有告密，不要有什么心理负担。不过，同学们怀疑你，也情有可原。因为你平时经常向数学老师请教问题，与老师接触的机会比其他人多，也就是说"作案"机会更多一点。对于他们的误解你也要宽容一些，不必耿耿于怀，总有一天会真相大白的。

校园智多星支招：

第一，要以宽容的心态看待"怀疑"。因为你与数学老师接触较多，这在客观上容易让人产生误会。如果你设身处地地站在同学们的立场去思考，恐怕也会产生那样的想法。你要大度一点，不要斤斤计较，不要把他们当作敌人，不要不理他们，也不要躲着他们。如果那样做，会让他们产生新的误解，会"坐实"对你的怀疑。对同学还像往常一样真诚，把这件事暂时放下，同学们了解你为人处世的风格，就会改变对你的看法和态度的。

第二，要积极回应，争取理解。受了委屈，不要做沉默的羔羊，你可以改变被误解的被动局面，积极与身边的同学沟通，相信大多数同学是通情达理的，你可以争取他们的理解。这件事关系到你的声誉，关系到别人对你的信任度，关系到你的人际关系是否和谐，心情是否愉快，因此你必须及时出手，采取必要的措施为自己洗冤。如果不处理得当，你心里感觉到压抑和不安，会影响到你的学习，只有把真话讲出来，内心才会敞亮。

第三，采取方法，为自己洗冤。你要从易到难，不要面向众人解释，而是从身边关系好的几个同学突破，再让他们把你的话扩散出去，让他们帮你洗冤，你和他们说说自己被委屈的痛苦，还要抓住对方的逻辑错误和他们讲理，因为与老师接触时间多就是"眼线"，这样的逻辑推理本身就不合理。你说清自己与老师接触的目的是请教难题，而不是告密。当然，你还可以举出自己在与同学交往时严守机密的事例，来证明你的人品。

我经常遭学霸挤对，怎么办？

✎　琚金民

楼主求助帖：

　　我的同桌是学霸，成绩排名年级第一。我数理化却经常不及格。不知道为什么，他经常挤对我。当我看书时，他却笑道："你看得懂吗？就算你看懂了，考试也不会。要不你叫我一声老师，我教你几招。"当我向他请教买什么教辅资料时，他给我推荐了四种书。本来，我很感激他。不料他却甩出一句："我说了也是白说，不如不说，像你这样的水平，教辅资料看得懂吗？如同天书。你的大脑只有16GB内存，偏要硬撑，怎么装得下128GB的容量呢。"经常被他挤对，周围的同学也开始笑话我，我觉得很丢脸。请各位大侠支支招，我该怎么办呢？

我要发言：

一楼　落尽红叶

　　楼主，学霸因为成绩好，被老师和家长捧在手心，所以他们容易产生骄傲自大的心理，看不起学渣。你所遇到的这位学霸恐怕也是这样的类型。他直接藐视、嘲笑你，这种人，你还是少接触为妙，否则就是自取其

159

辱，难免自尊心碎了一地。

二楼　归山深浅去

支持楼上的看法。常言道："落后就要挨打。"因为你成绩差，在班级垫底，拖后腿，怕是不仅学霸，还有老师和其他同学都看不起你，只是学霸心直口快说出来而已，所以你要提升实力。如果你的成绩优异，学霸和其他同学还会轻视你吗？别怪别人挤对你，要怪就怪自己没能耐。

三楼　须尽丘壑笑

楼上虽然讲得有些道理，但某些看法我不敢苟同。难道成绩差的学生就该遭受歧视吗？难道学霸就有权利嘲笑别人吗？受欺负的也许只是个案，不是普遍现象。如果你善解人意，尊敬师长，与同学和睦相处，我想大多数师生不会看不起你。人是一个多侧面的立体，不是仅有成绩这一面。成绩虽然重要，但它也代替不了其他的方面，你可以在其他方面提高自己的能力。

四楼　不识余心乐

其实，学霸也并非嘲笑你，也许是你没读懂他的良苦用心。他所说的话很有道理，你数理化不及格，基础不扎实，应该回归课本，不能好高骛远搞教辅资料，那样会越学越糊涂。话糙理不糙，换个角度看，这是一种善意的提醒。学霸只是想用一种激将的方式，激起你的自尊心，别辜负了他的好意。

校园智多星支招：

第一，换个角度看"挤对"。也许是学霸的世界你不懂，其实他只是用一种听起来很自大的语气提醒你，所用的方法是激将法，故意伤你自尊，好激起你全力捍卫自尊。如果他真的想嘲笑你，打击你的自尊，就不会向你提出合理的建议。

第二，主动请教学霸。学霸对你学习中存在的问题分析得很到位，一针见血。你可以主动请教，就学习中存在的困惑，请他帮你把脉。态度诚恳一点，谦恭一点，叫声"老师"也无妨。学霸其实也是那种刀子嘴豆腐心的人，他应该是愿意帮助你的。

第三，提升实力是硬道理。实力要靠成绩说话，不要在意别人如何评价你，要把精力放在提高成绩上。你的成绩大幅度上升，会让那些拿成绩来嘲笑你的人闭嘴。你的进步，也会获得老师和同学们的好评，千万不要为自己的懦弱找借口，提升能力才是关键。

第四，经营自己的长处。虽然成绩暂时还不如别人，但你在其他方面肯定有自己的长处。你要把你的长处发扬光大。如果你有自己的爱好特长，可以在一些文体活动中展现出你耀眼的光芒，让同学们对你刮目相看，以你为豪。即使是学渣，你也可以成为一道独特的风景。

第4章

我与朋友

"土豪"就应该吃亏吗？

✒ 吴　艳

楼主求助帖：

我是一名高二学生，家里也比较富裕，因此我的零花钱一直比同龄人多。每到月底，同学们缺钱了都会问我借，我也不会拒绝他们。可是时间一久我发现，那些时常问我借钱的人常常不还钱，有时候我问他们讨要，他们还会用一副不理解的眼神望着我，好像在说"你家这么有钱，还在意这点小钱？"久而久之，我也不好意思去问了。不仅如此，就连同学聚会，每次买单，他们都会一直盯着我看，意思是"作为我们班里的'土豪'，难道不应该主动请我们吃一顿吗？"我不懂，难道就因为家里有钱，我就应该吃这些亏吗？

我要发言：

一楼　学霸君

我很能理解你这种感受，我在班里也经常遇到这些理所当然找我帮忙的人。后来，我告诉他们，我并没有义务帮他们，我这么做，完全是出于同学情义。最后他们也明白了。所以我觉得楼主不妨和你的同学把心里话说开了。

二楼　穷孩子

我们班也有个"土豪"，但是他很有原则，平日里买东西很节俭。我们经常开他玩笑，说他家那么有钱，干什么整得自己像一个穷光蛋。他很认真地告诉我们：钱是他父母的，他没有权利拿他父母的钱挥霍。因此我们一直很佩服他，即使有人向他借钱，看他如此节省的模样，也不忍心不还钱给他。所以我觉得楼主被同学们占便宜，很大一部分也和自己喜欢乱花钱有关系。如果楼主没有胡乱花钱，别人怎么会盯上你？毕竟苍蝇不叮无缝的蛋。想让别人尊重你的钱财，你首先应该尊重自己的钱财。

三楼　潇洒者

我觉得二楼说得有道理。作为班里的"土豪"，你没办法改变别人的想法，只能改变自己的行为。你可以婉转地向你的同学解释，你家虽然有钱，但你父母挣钱也不容易。如果这样说了别人还是随意向你借钱，你就应该考虑要不要把钱借给这样的同学。

四楼　宽容心

楼主没讨回钱，有可能是那位同学还在缺钱的状态，楼主不应该一棒子打死所有人，认为大家都不愿意还钱。至于请客，楼主以后可以在聚会之前婉转表示自己最近并不富裕，这样别人也不会让你请客了。楼主认为同学们不理解你，但其实楼主对同学们也不了解，所以好好沟通很重要！

校园智多星支招：

看了楼上那么多建议，相信楼主心里也有了一定的想法。有钱并不是你的错，但也不应该成为你为同学们缺钱而买单的理由。

第一，楼主应该摆正心态，当别人问你借钱的时候，你可以表达出自己乐意帮助他的意思。但同时也要让对方知道，你是因为信任他才会借钱给他，并不是随意的选择。

第二，当别人让你请客时，你可以大方一点地说，你很愿意买单，但你的零花钱还不足以买下这个单。如果一定要买的话，你这个月的生活费可能就不够了。相信别人听了也不会太为难你。

第三，要经常和同学们聊天沟通，让他们知道你父母挣钱也不容易。同时自己也要懂得珍惜钱财，合理消费。不要让同学们认为你是一个肆意挥霍钱财，钱对你不重要的人。

如果以上你都做到了，还是有同学以你是"土豪"的理由让你承担各种不应该承担的费用，你就要考虑是不是应该和这样的人保持距离了。

泄露朋友秘密，关系破裂，怎么办？

✎ 琚金民

楼主求助帖：

我和王蓉是一对无话不谈、形影不离的密友，可是最近友情出现了裂痕。班里同学在一起做友情测试，王蓉拉我和她一起测，结果我不小心把她的秘密泄露出去了。王蓉觉得她在同学面前丢了脸，顿时火冒三丈地说："亏你还是我最信任的朋友，故意让我难堪是不是？连这么一点秘密都不能替我保守，我们还算什么好朋友？"说完她就生气地走了。此后，我们很长时间都没有再说话，好朋友关系就这样破裂了！请各位大侠支支招，我该怎么办？

我要发言：

一楼　路见不平

楼主的这种情况我也碰到过，一不留神就把朋友的秘密给泄露了，惹得朋友不开心。你以后一定要注意了，说话之前不能口无遮拦，要用大脑思考一下，才能避免友情破裂！

二楼　凭听雨

我太能理解楼主的心情了，你陷入了进退两难的境地，就此放弃你们之间的友谊吧，觉得舍不得，但是不放弃又不好意思去找好朋友。现在你应该冷静地想一想，你泄露的这个秘密是不是真的对朋友伤害很大，如果是这样的话，你应该主动找朋友认错，想办法进行弥补。

三楼　云淡风轻

完全同意楼上的观点，友谊之路没有过不去的坎，只要你是以真心对朋友的，偶尔出现小失误相信朋友是会原谅你的。你不要太自责，毕竟你也是无心之失，多往好的方向想，说不定哪天你们就会重归于好的。

四楼　诸葛师爷

你的朋友也忒小心眼了，不就是个小秘密嘛，有什么大不了的？既然能跟你说的事情，就不是什么秘密了，我觉得这种小心眼的朋友，你要慎重交往。免得时间长了影响你的人际关系，让人以为你是一个喜欢泄露朋友秘密的大嘴巴，其他同学也不愿与你交往了。

校园智多星支招：

楼上的几位朋友可谓各抒己见，说得都很有道理，但是当我们真正遇到泄露秘密而导致关系破裂时，我们应该怎么办呢？

第一，改变交友态度。扪心自问是不是在和朋友逢场作戏，没有做到尊重朋友，忽略了朋友对你的感情，如果是这样的话，你应该改变你的交友态度，以真诚的心去赢得友谊。

第二，学会换位思考。你应该站在朋友的立场去想问题，假如你被朋友出卖了，你会是一种什么样的感受呢？这时候你要学会理解朋友，给双方一个自由的空间，反思一下自己的行为。如果你的朋友珍视这份友谊，相信不管你犯了什么错，朋友都会不计前嫌原谅你的。

第三，掌握交友战术。交朋友也是要讲究战术的，你应该充分了解朋友的喜好，对于朋友一些比较敏感的话题，在谈话过程中尽量不要涉及，以免触动对方脆弱的神经。朋友应该是"和而不同"，虽是密友但也要保持一定的距离，不该说的不说，不该做的不做，这样不仅保持了良好的朋友关系，还做到了不触及对方的秘密，这样的友谊才更为长久。

解码青春期
心理健康课
趣味小测试
快乐聊天室

扫码获取

好朋友老拖我学习的后腿，怎么办？

林开平

楼主求助帖：

我以前贪玩，但是最近认识到了自己的不足，想要努力学习了。可是我以前玩得最好的朋友，老是拖我后腿。自习课上，我想做题，他老找我说话，我不搭理他他就不高兴。放学后，我想回家做作业，他老找我打游戏，我不跟他玩，他就说："以前你找我玩，我什么时候说过'不'字，怎么我找你玩你就那么多事啊！"我真的想好好学习，但是又不想因为拒绝他失去朋友，我该怎么办？

我要发言：

一楼　丛林里的龙

不是朋友老拖你后腿，而是你学习的毅力不够强。朋友找你说话你就说，朋友找你打游戏你就打，说白了，还是你自己想玩而已。学习这件事，是需要毅力的，如果毅力不够，不光别人能影响你，电脑也能影响你，手机也能影响你，甚至连树上落下来的叶子也能影响你。关键还是从自己身上找原因啊，自己下定了决心，谁也影响不了你。

二楼　星梦

楼主说，怕自己拒绝朋友伤害了友情。我觉得，朋友相交最重要的是志同道合，有共同的目标和理想才能成为长久的好朋友。如果只能在一起玩，不能在一起努力学习，这样的朋友不要也罢。楼主更该看重的是自己的学习和未来，所以，不要太过在意别人的看法。自己在做正确的事情，就要有勇气去拒绝那些打扰自己的人。

三楼　僵尸大战萝卜

所谓物以类聚、人以群分，楼主想要努力学习，也该在选择朋友方面用点心。当然，并不是说要你疏远过去的朋友，只是不要再迁就他们，浪费学习的时间陪他们一起玩。同时，要有意识地去接近那些热爱学习的人，甚至可以主动要求老师调座位，把自己和那些爱学习的同学安排在一起，主动融入那些爱学习的同学当中，你身边的学习氛围就会更加浓厚，你自己学习起来也会更有动力。

四楼　糖心不甜

我觉得，你和朋友之间的问题，很可能是你没跟他说明白。你自己心里下定决心要改变，努力学习，但是你并没有告诉别人，你的朋友还以为你是以前那个爱玩的人，所以才会找你玩。你主动告诉他："我以后要努力学习，上课再也不和同学说悄悄话了。"他可能就不再找你说话了。即使他再找你玩，你态度坚决一点，拒绝他一两次，他明白了你的态度，就不会再找你了。

校园智多星支招：

我们已经渐渐长大了，应该有自己的目标，有自己的主见，而不是因为别人说什么或者做什么就随波逐流，改变自己。对于楼主的问题，我有以下几点建议：

第一，分清对错，坚持做对的事。中学生要有辨别是非对错的能力，知道什么是对自己有益的，什么是对自己有害的，然后坚持去做对自己有益的事，不要被别人误导。认真学习是学生的义务，也是对自己未来最有益的事。所以，你要学会坚持，不要被外界的环境所打扰。真正学习好的同学，都是能够在嘈杂的环境下坚持本心的人。

第二，学会拒绝。可以看出，楼主是一个爱面子的人，不太愿意拒绝别人。但是学会拒绝是人生路上必修的一课，对于那些不利于自己发展的事情，必须拒绝。当然，拒绝的方式可以委婉一点，比如同学找你打游戏，你可以说："今天不行，我要做作业。我们再约时间吧，等周末有空了我们再好好玩！"

第三，学会选择朋友。中学生应该交益友，远离那些有害的朋友。如果两个人只是因为能在一起玩而关系好，那不是真正的朋友，只是玩伴。真正的朋友，是有共同的志向，能够互相促进、共同进步的人。

如果你摆出努力学习的姿态，别人也不会死乞白赖地拉你去玩。让别人看到你的态度，才能找到志同道合的朋友，一起奋进。

领了奖金没请客被说成抠门，怎么办？

✎ 石世强

楼主求助帖：

上学期，我在"牢记嘱托·感恩奋进"的区级征文赛中获得了二等奖，获得了300元的奖金，室友要我请客，我说要把奖金作为下个月的生活费，室友说我抠门。上学期期末考试我的成绩名列全年级第一名，在本学期开学典礼上，我获得了500元的奖学金，同学们又嚷着要我请客，我说要把这些奖金作为本学期的生活费，同学对我说："难道你没得奖金你就不吃饭了？抠门不想请客是真的……"我家境贫寒，难道我把奖金当生活费的做法错了？请各位高人给我指点。

我要发言：

一楼　永远支持你

楼主，你的做法没有错。你所获得的奖金都是你辛辛苦苦努力的结果，你自己有权利规划怎样使用这些奖金。你的家境贫寒，你把获得的奖金当生活费，说明你是一个节约、懂事，为父母、为家庭着想的孩子，真是"穷人的孩子早当家"，为你的做法点赞哟！

二楼　可以大方点

一楼说得没错，奖金是楼主辛苦努力的结果，楼主有权选择支配奖金。不过我觉得，为了搞好和同学之间的关系，拿出少量的奖金来请大家开心一下，增进感情，这也不至于造成多大的影响。毕竟楼主的生活费不可能全部要靠奖金的开支，没有奖金也要生活。

三楼　勇敢又坚强

有一次，我的一篇作文在市级报刊发表了，我获得了30元的稿费，领了稿费后，同学们纷纷嚷着让我请客，我买了10元钱的东西请大家，他们非常高兴，我也由衷地开心。后来不论我有什么困难，同学们都愿意向我伸出援助之手。

四楼　蓦然回首

我想，楼主的家庭情况，室友不可能不清楚。室友只不过是想看楼主心里是否有他，同学们的本意并非要楼主把奖金全部拿出来，请他们大撮一顿瓜分你的奖金。为此，楼主应该满足同学们一次，他们绝不会再给你贴上抠门的标签。

校园智多星支招：

楼上几位高人的发言，我认为很有指导意义和借鉴意义。那么，因为领了奖金没请客而被同学们说成抠门时，到底该怎么办才好呢？

第一，遵从自己的内心。奖金是你自己辛苦获得的，请不请客一定要遵从自己的内心，并不是同学们说怎样你就怎样。如果你做了没有遵从自己内心的事情，到头来你反而不快乐，这又是何苦呢？作为一个人，不管你做得怎么样，都会遭人评说。只要自己没有影响和妨碍他人，何必去想太多？

第二，和同学搞好关系。用所得的奖金来请客是和同学搞好关系的一种方法，但这并非唯一的方法，平常多与同学交流，让大家知道你的家境，理解你的想法与做法，让他们设身处地地换位思考，下次他们再也不会提出让你用奖金来请客的不合理要求了。

第三，满足同学的好奇心。同学嚷着要你请客，你本来又经常领奖。你完全可以给同学讲清楚，比如你领两次奖金请一次客。这样一来，既满足大家的好奇心，又增进了与同学的关系，必将赢得好人缘。到那时，同学们一定会鼓励你、关心你、支持你！

以上建议仅供楼主参考，希望对你领了奖金该不该请客的疑惑有所帮助。

我的朋友圈出现"鄙视链"，怎么办？

✎　**琚金民**

楼主求助帖:

我有几个好朋友，我和他们每个人关系都不错，可是他们之间关系并不融洽，甚至互相看不起对方，出现"鄙视链"。小艾成绩名列前茅，是名副其实的学霸，看不起成绩差的小波。小波有运动天赋，篮球打得好，看不起不爱运动的小森。小森成绩中等，但有音乐天赋，唱歌悦耳动听，看不起只知道学习却不懂音乐的小艾。有时我邀请他们一起玩，他们在言语之间总会流露出对对方的鄙视，作为他们共同的朋友，我夹在中间很尴尬。朋友圈里出现"鄙视链"，我该怎么办？请各位大侠指点迷津，在下感激不尽!

我要发言:

一楼　糖果公主

楼主，当自己的朋友相互鄙视时，你夹在中间很为难，我能理解你的处境。其实，"鄙视链"上的每个人都是受害者，因为当他鄙视别人时，其他人也会鄙视他，每个人都有缺点，他拿自己的优点来嘲笑别人的缺点，别人也会拿自己的优点去嘲笑他的缺点。比如小艾鄙视小波成绩差，而小森嘲笑小艾不懂音乐。

二楼　爱哭大脸猫

同意楼上的意见。"鄙视链"一旦形成，每个人都会受到伤害，朋友之间相互鄙视，这样的友情终会破裂，给每个人的心里带来伤害。楼主要想避免这样的悲剧，尽量不要把他们聚在一起，这会加剧他们之间的矛盾。你可以单独和每个人交往，也能避免夹在中间的尴尬。

三楼　想飞的鸭子

不太支持楼上的看法。他们这些人即使不聚集在一起，不在言语上相互嘲弄，但他们心里依旧相互鄙视，他们之间的矛盾还是无法解决，心病还需心药来治。关键在于要让他们学会尊重对方，看到对方的优点，而不是盯着对方的缺点，要调整心态，转变眼光。

四楼　酷酷

亲，无论是鄙视别人，还是被别人鄙视，关键在于如何正确认识自己。鄙视别人的人对自己评价过高，夸大自己的优点，自以为是。被别人鄙视，别人可能贬低了你，看不到你的优点，如果你能正确评价自己，也不会因别人的鄙视而轻易否定自己。理性认识自己就不会鄙视别人，也不怕被别人鄙视。

校园智多星支招：

楼上几位的发言都非常精彩，那么当我们遇到这种"鄙视链"的情况，到底该怎么办呢？

第一，要正确看待自己的优点和别人的缺点。不要夸大自己的优点，不要搞不对等比较，不拿自己的优点来和别人的缺点进行对比，这种比较对别人是伤害。要正确对待别人的缺点，不嘲弄，反思自己有没有这样类似的缺点，有则改之。如果别人的缺点可以通过学习来完善的，你可以真诚地向对方提出可行的建议，而不是嘲笑他。

第二，要想办法变"鄙视链"为"欣赏链"，要让朋友们相互欣赏，看到彼此的优点，经常开展互夸优点的活动，比如，"今天我来夸夸你"，当然这种优点是真实存在的，而不是虚构的。"欣赏链"一旦形成，能活跃气氛，使朋友间关系更加融洽。拆解"鄙视链"可以采用各个击破的方法，小艾看不起小波，从小艾突破，让他看到小波的优点，然后再解决小波看不起小森的问题，渐次解决。

第三，朋友圈要树立积极的主流价值观。人与人之间要相互尊重，不歧视成绩差的朋友，不嘲笑长相不佳的朋友，不轻视家境不好的朋友，不侮辱犯错的朋友。为人要谦虚低调，宽容大度，不搞低俗的攀比。

第四，求同存异。各美其美，美美与共。寻找最大公约数，朋友圈要有自己的核心文化，尊重差异，扩大共识。交友要先看别人的优点，而不是嘲笑别人的缺点，要取长补短，互相帮助，互相完善，共同提高。

好朋友没有分寸感，怎么办？

陈 桥

楼主求助帖：

我有一个好朋友，样样都好，就是没有分寸感。我的文具，他一向拿起来就用。我买的零食、饮料，他也从来不客气。前几天，我买了一套新的习题集，他看见就拿走了。几天后还给我，上面的好多题都写上了答案，搞得我没办法做题。有时候，我忍不住说："你还真不客气。"他总是笑呵呵地说："咱俩这关系，我跟你客气什么啊。"我真是无语了。

我要发言：

一楼　夏日炎炎

我觉得不管什么事，我们都要考虑得全面一点。比如他不经允许用你的文具，确实不对。但是我们反过来思考，当你用他的文具时，是不是也不需要他的同意呢？你买了东西他拿起来就吃，他买了东西是不是会主动分享给你呢？所有问题综合起来考量，才能得出最客观的结论。

二楼　映日之雪

看人还是要看他好的一面。对朋友，我们不能只接受朋友的优点，而不接受朋友的缺点。所以，既然你能和他成为好朋友，他身上肯定有让你喜欢的优点，你在享受这些优点的同时，是不是也不能太苛责于对方的缺点呢？

三楼　帅得没道理

别人对你没有分寸感，往往和你不懂得拒绝有很大的关系。他第一次拿你东西的时候，你不说；第二次拿的时候，你还不说。渐渐地他就会觉得，你不介意这件事。对于自己不喜欢的事，明确地表示拒绝。语气可以委婉，但至少要让对方清楚地理解你的意思，感受到你的不满。他明白了你的态度，也就会注意分寸。

四楼　火山岩泡泡

对待没有分寸感的人，最好的做法就是"以身作则"。比如当你需要借他东西的时候，每次都说："我可以用一下你的东西吗？"你对他表达足够的客气和礼貌，就是在表达一种分寸感，他感受到了，也会对你有分寸。当然，这样做，可能会给对方造成一种疏远的感觉，需要楼主自己把握其中的尺度。

校园智多星支招：

人际交往中，分寸感的把握是一件非常难的事。而且，分寸感也会因人而异。比如同样是把对方的铅笔拿过来就用，有的人觉得没什么，有的人就会觉得反感。对于楼主的问题，我给出以下建议：

第一，学会表达。在人际交往中，很多误会都是因为不善表达造成的。比如，你一直觉得朋友没有分寸感，却不告诉他。他不知道你的感受，还以为自己的做法没问题。时间长了矛盾会越来越多。勇敢地说出自己的想法，用合适的方式表达自己的意见，能够增进对彼此的了解，有助于友谊的长久维系。

第二，学会包容。每个人都会有缺点，谁苛求完美的朋友，谁就没有朋友。遇到问题，换一种思路。不要总想着"他有缺点，真讨厌"，而应该想想"班级里那么多同学，为什么我们会成为好朋友，他的哪些优点在吸引我？"思路变了，你会变得更加宽容，也更能够包容对方的缺点。

第三，区别对待。对于没有分寸感的同学，你可以列出一个表格，哪些事是你不能够容忍的，明确地告诉他，防止他再犯。哪些事是不应该计较的，就宽容对待。比如同学总是用你的文具，如果他只是借用一下，并不影响你自己的使用，你可以不必计较，你的习题集他给做了，你无法容忍，就可以直接告诉他。这样一方面能表达你的态度，另一方面也能减少一些争议的范围，算是一个折中的办法。

即使是久经世事的成年人，在把握分寸感方面，也很难做到完美。对于还是中学生的朋友，我们也不能指望他把分寸拿捏得分毫不差。多一些宽容和理解，朋友相处才能更融洽。

没帮朋友打架，他不理我了，怎么办？

闫　涛

楼主求助帖：

各位大侠，各位前辈。我最近遇到了一件麻烦事儿，请各位帮我想想办法。事情是这样的：我有一个好朋友，那天他说自己被打了，于是让我放学的时候在大门口和他会合找打他的那个人算账。可是，我并没有去。后来，他就再也不理我了。我觉得自己很冤枉，又不知道该怎么跟他说。现在我们彼此都不说话，仿佛就像是仇人一般，我不知道这样的日子要到什么时候，我很烦，不知怎么办，所以请各位帮帮忙。

我要发言：

一楼　风生水起

听了你的遭遇，我深表同情。同学之间发生这样的事情是正常的，符合你们各自的认知心理。我很赞同你的做法，他被打了，让你帮忙出头打架，他的心情是可以理解的。但是你绝对不能去帮他打架，打架的后果是十分严重的。其实他应该感激你才是，如果你去帮他还不知道会出现什么严重后果。因此，你不需要任何解释，时间长了，他自然就会明白。

二楼　推波助澜

其实，你应该学会换位思考。如果你是他，你会怎么想？因此，不要把错误都归咎到他的身上，而应该从自身找原因。虽然你不应该去帮他打架，可是也应该通过其他途径对他进行帮助和抚慰。要不然他身体和心灵的伤就难以得到复原。你在拒绝他之后，没有其他的补救措施，这是不对的。所以，你需要做的就是反思自己，这样才不会让自己日后再出现类似问题。

三楼　沧海一声

我觉得你应该和他推心置腹地谈一谈，要不然彼此心中都有心结，问题就会越来越严重。你可以把自己真实的想法说出来，然后听听他的想法，这件事是对你们友情的一个考验。多年的情谊由于这点小事就葬送了，实在是不应该。所以，我建议你主动找他谈谈，也许事情就会有转机。

四楼　武当上轮

毕竟是你拒绝了他，所以你需要做的就是道歉。道歉才能够彰显你的诚意，不管他说什么做什么，你都应该表现出诚意。让对方冲你发一顿牢骚，说什么恶毒的话你都要接受。你可以让他打你、骂你，这样就能够让他看到你的真心，在你做出了这些之后，我想他原谅你，那就是时间的事儿啦。

校园智多星支招：

听了几位楼友讨论，我觉得大开眼界，看得出来大家为楼主的事儿真的都在想办法。各位的发言都有建设性，都有一定的作用和效果，根据大家的讨论，我总结了一下，大致认为你可以这样做。

第一，找他道歉。虽然你没有去帮他打架这件事做得正确，可是毕竟得罪了他，因此在事情过去之后，你必须拿出态度，让他看到你的真心，这是最明智的举措。

第二，反思自己。虽然你做得对，可是在拒绝了他之后，没有其他的补救措施，没有让他感受到温暖。所以，你应该反思和反省自己做事的方法，这样对你下一步的成长是非常有帮助的。

第三，感动对方。既然事情已经这样了，你需要做的就是继续对他好，给他送一瓶饮料或者一个小礼品，然后再写一个纸条，说说心里话。我想你们之间没有深仇大恨，你这样做了之后，他一定会被你感动的。希望你调整好心态，不要过于纠结这件事儿，找到一个恰当的办法，解决这件事儿，可千万不要影响学习哦。期待你早日走出困境。爱你的大朋友，智多星！

我想脱离"朋友圈",怎么办?

✎ **宋桂奇**

楼主求助帖:

进入高中后,我们六个来自同一初中的同学,由于以前就比较熟悉,有的人还是很要好的朋友,于是,很快就形成了一个"朋友圈"。开始时,我觉得这样挺好,不仅可以排解因离开父母而导致的孤独,还能在学习和生活上互相照应。但最近,有件事让我产生了脱离这个"朋友圈"的想法。我和李佳同学都喜欢绘画,因而来往比较密切。于是,"圈"内与李佳曾闹过矛盾的两个朋友就不干了。一天聚会时,他俩都让我不要和李佳交往,没想到这个毫无道理的提议,竟还有一个朋友为之附和,说什么"我们要一致对外"。各位大侠,我应该离开这个"朋友圈"吗?恳请指点迷津。

我要发言:

一楼 风雨故人

我认为楼主需谨慎从事,理由很简单,如果脱离这个"朋友圈",得罪了五个朋友,他们定然会说你"喜新厌旧",甚至指斥你"背叛"。如此一来，他们势必要处处为难于你，由此而导致的烦恼，与结交一个新朋友带来的快乐相比，孰轻孰重，楼主应该拎得清吧？

二楼　前路有知己

完全不同意一楼之说。有道是，"人生得一知己足矣"，朋友是看质量而非数量的，不靠谱的"朋友"再多也没用！我觉得楼主应该听从内心的声音，理由也很简单：第一，他们让你不要和李佳交往，这是干涉你的交友自由；第二，你和李佳爱好相同，志同道合。

三楼　事后诸葛亮

一楼、二楼和楼主一样，都是"非此即彼"式的简单思维。事实上，在交友方面，"鱼与熊掌"是完全可以兼得的。朋友提出不要和李佳交往时，楼主有没有指出此举之谬？附和者既非全部，楼主有没有请另两位帮忙？如果楼主努力说服争取，是不是有可能二者兼得？

四楼　三思后行

三楼英明！我也认为楼主应努力争取那两位没有附和的朋友，以便在"势均力敌"的情况下展开辩论说理。就算不能马上说服对方，至少也能让他们知道——这种强人所难的做法是不对的。如果可能，还可以请有威望的同学或老师帮忙，其结果必然是皆大欢喜。

校园智多星支招：

看罢以上回答，如何做想必楼主心中有数了。在此，我想顺着三楼、四楼的意思，就如何与"圈"中朋友交流，作几点提醒：

第一，准备需充分。无论是争取朋友帮忙，还是说服对方改变，都要提前准备，否则，交流时就有可能理屈词穷，处于下风。具体到楼主，应想到对方可能提及的问题，针对"自己与李佳交往"于己有利、于人无害（甚至有利）等，考虑周全。

第二，时机需恰当。由于对"圈"中朋友的秉性及日常生活多有了解，因此，不妨选择一个六人同在且大家心情都不错的时候，或自己或请他人帮忙提出此事。当然，也可以在此前与两个反对者逐个沟通，待对方有所松动后，再在"圈"内解决。

第三，情感需真诚。个别沟通也好，集体交流也罢，真挚的感情都称得上弥合分歧的黏合剂。因此，楼主必须以诚恳之态，说出自己对众人友谊的珍视之情，以赢得对方的情感共鸣。若如此，不仅会化解矛盾，还能进一步加深友情。

第四，还想强调的是，假设楼主不做争取，上述"朋友圈"便是错误观念占主导地位，这于己于人于集体，显然都不是什么好事。所以，作为"朋友圈"中的一员，我们必须在"圈"中施加自己的正面影响，以使"圈"内风气积极向上，这既是对朋友负责，也是对集体的贡献，何乐而不为？

面对朋友失信，怎么办？

✎ 邓公明

楼主求助帖：

我是一名高一的学生。我的同桌叫刘冰，他平时乐于助人，军训的时候，我有一次晕倒，还是他把我背到医院去看医生的。因此，我心里对他挺感激的。相处两个月之后，我们变成了好朋友。

可是，前不久，他却接连失信于我。第一件事是我要参加学校的文艺演出，准备找他借一双白色的皮鞋，他满口答应，可是临到演出的时候，他却说忘了带到学校来了。我当时就气晕了，自然演出效果也大受影响。第二件事是我们约定周末去爬山，他满口答应。当我背好行囊，走到他家去叫他的时候，他却说临时有事，去不了，结果我一个人败兴而归。经过这两件事，我都不知道该不该相信他的话了。但问题是，他又是我的同桌，我们又是朋友，我究竟该怎么办呢？请各位大侠指点迷津，不胜感激。

我要发言：

一楼 我是神

乐于助人的人往往容易轻易许诺。我觉得刘冰就是属于这一类人。面

189

对别人的请求，他都喜欢一口答应。但是结果呢，可能有时候因为这样或者那样的原因，无法实现诺言，就失信于人了。所以，他对你的两次失信，我觉得并非是故意失信于你，因此，你大可采取宽容的态度，不做计较。

二楼 龙在九天

很同情楼主的遭遇，所以我建议楼主远离刘冰。因为失信于人的人，本身就不值得与其交往。楼主继续与刘冰交往，他若再失信于你的话，你肯定会"旧伤未愈，又添新伤"。

三楼 梦舞飞雪

俗话说，事不过三。楼主被你的朋友兼同桌连放两次鸽子，心里肯定不好受。但是，建议你大度一点，再给他一次机会。如果刘冰再一次失信于你，建议你与他割袍断义，不再往来。

四楼 妙笔判官

俗话说，良药苦口利于病，忠言逆耳利于行。既然你们是朋友，面对他的失信，你就应该找个时间和他好好聊一聊。在聊天的过程中，顺便说出自己的感受，让他明白失信于人的坏处，从而让他以后注重守信，不再轻许诺言。经过这样善意的提醒，如果他真当你是朋友，定会将你的话铭记于心，不会再失信于人。这样做，岂不妙哉？

校园智多星支招：

我认为楼上的几位朋友说得很好，分析也比较全面，对于楼主的烦恼，提出了独特的见解，很有参考价值。

其实在生活中，类似刘冰这样的例子也存在不少。因此，对于楼主的遭遇，我认为应该要分三步走。第一步，具体情况具体分析。当朋友对你失信了，你首先得看其失信的原因，究竟是无意的还是故意的。如果对方是无意的，那么完全可以原谅，毕竟谁都会有疏忽出错的时候。如果不是，那就走第二步，与其交流，善意提醒他的失信对自己造成的伤害，再观其反应和日后的行为。如果他愿意改正，以后不再失信于你，你也可以尽释前嫌，与其交往。如果依然不改变，继续失信于你，此时就只有走第三步，对其敬而远之。但是，表面上不要刻意去回避，你的宽容也许赢得不了失信之人的理解，但是你却能赢得更多人的尊重。

解码青春期
心理健康课
趣味小测试
快乐聊天室

扫码获取

好朋友早恋了要我保密，怎么办？

✏ **邓公明**

楼主求助帖：

我和王玲玲从小到大都是无话不说的好朋友。最近，她却和我有点距离了。没过多久，我发现她和一个高二的男生关系亲密。后来一询问，她就告诉我说，那个男生是她的男朋友，叫我要为她保密，千万不要告诉老师和她的家长。因为，她爸妈早就告诉她，高中时期不准谈恋爱。我现在好纠结，我究竟要不要为她保密呢？

我要发言：

一楼　忧伤的红梅

其实，我觉得楼主大可以放宽心，坚守好朋友的秘密。其实，高中阶段的早恋，套用专家的说法，最多只能算是一种"早练"，并不是真正意义上两人之间有什么爱情。所以呢，就让你的好友去经历一下，感受其中的酸甜苦辣，这也算是一种成长哈，你就毫不犹豫地保守秘密吧。

二楼　栀子花香

众所周知，高中生早恋，肯定会影响学习和人际关系，自然是不提倡的行为。所以，我觉得不能保密。如果你保密，显然是把朋友给害惨了。应该及时告诉老师和家长。

三楼　三思而后行

其实，我觉得楼主需要有明确的是非观，而不是被感情所左右。你其实知道现在谈恋爱的后果，纠结于会伤了你和朋友之间的感情。其实，我觉得真的没有必要想那么多，还是应该立场坚定地告知老师和家长。这样做的结果就是，短时间内，你的朋友会很生气，但是，时间长点后，她一定会感谢你的。要知道，处在热恋中的人，总是把一切想得很美，把感情看得很重，而忘记了自己最该做的事情。

校园智多星支招：

上面几位同学的分析都十分精彩，有理有据。楼主面对朋友谈恋爱，要自己保密这个问题，的确有些棘手，也有些纠结，处理不好的话，就可能伤害彼此的友谊。对此，我有这样几点建议：

第一，楼主应该保持一个中立理性的立场来面对朋友早恋的事情。你要理性地认清高中生早恋的利弊，稍微处理不好学习和恋爱的关系，就会导致学习和人际受到严重的影响。

第二，找你的好朋友谈谈。你可以把你的分析结果，都全部告诉你的好朋友，看对方的反应和表现。如果对方还是态度坚决，要继续恋爱，那就可以做一个约定：如果对方处理得好学习和恋爱的关系，那么就可以为她保守秘密；反之，就要求其结束恋爱关系。如果好朋友还不结束关系，那就不再保密了。

第三，时刻监督留意好朋友的表现。既然她是你的好友，那你就得尽己所能对好朋友负责。如果你发现好朋友在恋爱中表现得有不正常的地方，那就得及时提醒她，告诉她及时理智地处理好与对方的关系，该结束时就结束，从而促进好朋友做出理性的利于自身成长的选择。

当然，早恋这件事一直都是让老师和家长头疼的事，所以，不到万不得已，还是要谨慎处理，动不动就告诉家长和老师，对当事人的负面影响也可能会很大。所以，楼主一定要分情况而定，切忌盲目冲动。

解码青春期
心理健康课
趣味小测试
快乐聊天室

扫码获取

我因风头盖过闺密而遭疏远，怎么办？

琚金民

楼主求助帖:

在学校艺术节上，我策划的集体舞蹈深受同学们喜爱，现场掌声雷动。我的闺密爱好舞蹈，自幼受过良好的训练，而且前不久还在市比赛中获得一等奖。艺术节表演结束后，学校让各位同学在网上投票评选奖项。没料到的是，我的团队获得一等奖，而闺密只获得二等奖。我顿时成为学校的名人。经常有其他同学当众夸我，有的还要我签名，闺密因此不理我。闺密想尽办法躲避我，疏远我，已经有几天了，我该怎么办？请各位大侠支招，在下感激不尽。

我要发言:

一楼 江城如画

楼主，你的闺密真是见不得别人好。她这样疏远你是因为嫉妒你，这种人不可深交。作为朋友，她应该为你的出色表现而高兴，可她只想着她自己，以自我为中心，而且她面对挫折没有良好的心态，输不起，把怨气发在自己的朋友身上，这些都是不可取的。

二楼　山晓望晴空

不同意楼上的意见。闺密不理楼主，这是人之常情。因为她的心情不好，心里觉得委屈，明明自己水平很高却屈居二等奖，这在她看来是屈辱，而不是嫉妒。因为在闺密的心里，楼主的舞蹈并不比她好。为什么对楼主生气？她可能觉得是楼主抢了她的一等奖。

三楼　两水夹明镜

同意楼上的看法，不能简单地用道德来评判别人，要懂闺密屈辱而不甘的心路历程。站在她的角度想想，她的做法也情有可原。在这个艰难时期，她表面疏远你，而内心深处应该是渴望朋友的抚慰。所以你不可放弃她，不可断交。

四楼　双桥落彩虹

闺密的心情是复杂的，此时失意的她还没有想通，没有和自己达成和解。因此这时你可以帮她和自己达成和解，看淡评奖这件事。现在是考验你们友情的时候。她行动上疏远你，但内心也可能想靠近你，只是要强的自尊心让她伪装自己，装作拒绝你。她非常需要好友的安慰，你要继续努力，用真情来打动她。

校园智多星支招：

第一，疏通心理障碍。其实，文艺表演的评价也是仁者见仁，智者见智，她能在市里拿一等奖，是因为市里评委是专业人士，专业水准高。而学校里是各位同学都当评委，非专业人士没专业水准，他们觉得好玩、好奇、有趣就好。如果有的作品合他们胃口就会获得好评，接地气通俗一点更容易得到他们的认可。而闺密的表演可能曲高和寡，大多数同学不懂。你可以请老师或其他好友，把这个道理和她说透，她想通了，就会接受现实。

第二，你要宽容对方。你可以设身处地地站在闺密的角度去体验她的感受。一个专业水平高的节目却屈居二等奖，内心的屈辱和不甘促使她疏远你。虽然不是你抢了她的一等奖，但你也要包容她。她迁怒于你是不对的，但作为朋友，你要善待她。尽量低调一点，即使有人夸你，或索要签名，你也不要在她面前表现出得意的样子，尽量回避，不刺激她。

第三，可以打温情牌。可以回想你们在一起走过的风风雨雨，撷取那些温馨感人的瞬间来谈谈友情的美好珍贵，以及你对友情的渴盼。没有什么比友情更珍贵的。如果可能，你可以邀她一起促膝长谈。如果她还是拒绝你，可以给她写信。

第四，真心付出，耐心等待。你坚持付出，不放弃，她迟早都会感受到你的真诚，心头的壁垒迟早会被你的真情融化。她暂时想不通也很正常，你要静静等待，总有一天你们的友情之花会再次绽放。

朋友让我当"替罪羊"，怎么办？

琚金民

楼主求助帖：

我是一名初一学生。有一天，我和好朋友小辉在教室里打闹，把教室窗户的玻璃打破了，是小辉砸的。小辉成绩不好，怕班主任找家长，就推说是我打破的。我当时没说什么，我以为自己成绩好，平时班主任很少批评我，没什么大事。结果，我遭到班主任的严厉批评，还要我赔钱，找家长到学校。我很难过，也觉得委屈，我应该当这个"替罪羊"吗？

我要发言：

一楼　山月随人归

你的朋友也真是的，自己打坏了玻璃，不敢承认错误，让你当"替罪羊"，这算什么男子汉，要是换作我，我就不理他了，这样的朋友是少少益善。我觉得你没必要为他背黑锅，谁惹事谁承担，如果这次你承担了，说不定下次他又赖在别人头上，这对他的成长没啥好处。

二楼　责任重于山

完全支持楼上的意见。你的朋友这次犯了错，如果所有的责任都是你承担，他就像没事一样，下次就会犯更大的错误。既然你已经在名义上帮助他承担了责任，那么经济的赔偿应该让他赔，让他为自己的过错买单，这是他的责任与义务，你不能因为面子承担他的责任和义务。

三楼　责人先要责己

你觉得委屈，是因为朋友做错了事让你当"替罪羊"，其实这种说法并不准确，因为你也有过错。这件事是因你们的打闹而起，你是间接的责任人，他是直接的责任人，或者说他的责任大，你的责任小而已，你也要反省自己。

四楼　诸葛师爷

楼上说得对，你确实有一部分责任，并不是完全没责任，尽管不是你打破玻璃。你不必心理太失衡，你承担的责任中有一部分是为你自己承担的，就这部分而言，你并不冤，你冤的是帮助朋友承担了大部分责任。考虑到他的实际情况，你可以帮他，但是不能无条件为他背黑锅，也不能把所有的事情都兜下来。

校园智多星支招：

相信楼主看了几位大侠的高见，一定知道该怎么做了吧？建议你不妨从以下几个方面来考虑。

第一，你也要反省自己。虽然不是你直接打破玻璃的，但这件事确实与你有关，如果你们不在教室打闹，就可以避免。再说，在教室打闹，也不恰当，教室不是运动场。另外，你以为自己学习好，就有一种优越感，以为犯错时，老师会对你网开一面，这种想法会让你变得骄傲起来。你并非没错，只是错误轻一点，想一想自己也有责任，心里就不会那么憋屈了。

第二，你最好让他主动把事情的真相告诉老师，这对朋友的成长有好处。如果犯错了，他总是找别人当"替罪羊"，不敢承担自己的责任，这样的人以后很难交到好朋友。你劝他主动向老师认错，老师不会为难他，当然该承担的责任老师还会让他承担的，这样可以减轻你的心理压力和经济压力。

第三，如果他确有难处，你可以宽容他，但不能纵容他。如果老师平时对他没好感，他害怕承认错误，你可以换位思考，体谅一下他的难处，答应暂时为他背黑锅，但是要让他知道你这样做的目的，并让他保证下不为例。另外，你要让他承担经济责任，负责大部分赔偿款，让他花点钱买个教训。

室友总是乱动我的东西，怎么办？

路小鱼

楼主求助帖：

有件事我真的是不吐不快，同宿舍有个女生经常不经过我的同意就乱动我的东西。之前她要出去玩，连招呼都不打就直接翻我的衣服出来穿，翻完之后也不整理好，害我回来以为是寝室遭贼了！平时我放在桌上的书、零食什么的，她也都是随便拿、随便吃，从来不吭声。这些事我虽然心里觉得别扭，但为了不伤和气，就告诉自己忍忍算了。可是昨天我开着电脑出去了一下，回来就发现她居然在使用我的QQ号和别人聊天！虽然没造成什么不好的影响，但当时我真是要气炸了，拼命忍着才没有骂她。我实在不明白她为什么会这么做，难道觉得我们关系太好，不需要分得太清楚吗？如果我去和她说，她会不会反过来觉得是我小心眼呢？我到底该怎么办才好？

我要发言：

一楼　影子使者

我和楼主有同样的遭遇，对此深有体会！同宿舍的妹子随便穿我的衣服，用我的护肤品，就跟用自己的一样，真是醉了。我之前忍不住说了一句，结果她还和我闹脾气。不过闹过之后她也变了不少，现在用我东西之前基本都会先和我说声，所以楼主要不试试和室友沟通一下？

二楼　上善若水

支持楼上，楼主还是找个机会私下和室友好好聊聊吧，千万别因为担心伤了和气而逃避问题。未经同意随便动用别人的东西，终究是不合适的，任其发展下去百害而无一利。既然你们关系好，就应该为她的将来着想，尽早提醒她这样的行为有何不妥。

三楼　咸蛋超人

楼主这种情况，我在学生时代也碰到过，但是我的室友本身家境不错，人很大方，我们跟她借东西她都说不需要问，随便拿。我当时很诧异，所以旁敲侧击地问过，才知道她打心眼儿里觉得这样才是"关系好"的表现。如果当时我没有了解情况，直接指责她的行为，恐怕真会令她伤心难过！楼主不妨关注一下室友的想法，再和她沟通。

四楼　百世可乐

三楼说得有道理。楼主如果怕伤了和气，可以试试通过聊天工具和她沟通，这样可以避免一些尴尬，对方也更容易接受。如果沟通之后她依旧我行我素，甚至变本加厉，建议楼主多留个心眼，小心避之为上。

校园智多星支招：

未经许可经常动用他人物品，轻可言之素养欠缺，重可责其品行不端。遇到这样的人，建议"察""谈""避"三步走：

第一，"察"即观察。了解对方的品性、想法，思考对方如此做的原因。无论对方是出于求助的意愿，还是自身修养不足，都待"察"清之后，再去和对方谈，以免因为误解或言辞不当把关系闹僵。

第二，"谈"即主动交谈。寻找合适时机、方式与对方聊聊，沟通方能使问题迎刃而解。可根据之前对对方性格的观察把握，选择比较容易让对方接受的方式，如信件、在线聊天或者面谈等，注意言辞不要过激，就事论事，尽量避免直接指责对方品格。

第三，"避"即远离。如若发现对方未认识到自身不妥，甚至认为自己遭受无端指控，反咬一口，建议尽量与其保持距离，其不值得继续深交。

尽管住在同一个屋檐下，但大家来自不同家庭，品性、想法千差万别，日常出现各种摩擦实属正常。然而相聚即有缘，应当珍惜，学会沟通，以和为贵，友谊之花定会处处盛放。

好朋友总拉着我违反班级纪律，怎么办？

✎ 黛 宁

楼主求助帖：

大家好！我是一名初二的学生，最近很烦恼，特向大家求助。事情是这样的，我有个好朋友，平时在班里是属于成绩比较差、问题比较多的女生。一到自习课的时候，她就搬着凳子到前面来找我，说是为了请教作业里的问题，可过不了几分钟她就开始说题外话，听着听着我就跟着聊上了，被班主任批评了多次，旁边的同学意见也很大。昨天下午，离上课铃响还有3分钟，她非要我陪她回宿舍换鞋，我说回来肯定就迟到了，可她却说没事，坚持让我去，我不好意思拒绝就陪着去了。结果回来迟到了5分钟，被班主任逮了个正着。类似的事情还有很多，班主任对我很失望，我该怎么办呢？

我要发言：

一楼　那年花开

这样的朋友，我奉劝楼主还是离远一点吧。俗话说："近朱者赤，近墨者黑。"你所结交的朋友，总是会在潜移默化中对你产生一定的影响。

像你所说的这个朋友，我丝毫看不到她身上的正能量在哪里。你总跟她在一起，慢慢地，你自己也会变得不追求上进了。

二楼 春日暖阳

这样的例子我们班就有，有个同学本来成绩特别好，可是因为在班里交了行为习惯和成绩都不好的朋友，渐渐地就变了。刚开始时他们只是下课在一起玩，后来连上课都在一起说话，迟到旷课什么都少不了他，成绩更是一落千丈。老师和家长都做了很多的工作，可是仍然无济于事。所以，负能量的朋友建议楼主还是远离为好。

三楼 平常心

楼上所说的例子，我相信在很多班级里都有。但是我觉得，让成绩好的学生发生改变的原因，不仅仅是因为他们交了个成绩差的朋友，跟他们自身也有很大关系。毕竟，外界只是一个诱因，而真正起决定作用的是自己。像楼主的问题，虽说是朋友在提议，但最后是否去做的决定权，不是还在你自己吗?

四楼 大浪滔滔

可以这样说，是你模棱两可的态度，给了朋友一次又一次叫上你的理由。如果你觉得她所做的事情不对，那你就该明确表明自己拒绝的态度。几次之后，看你态度如此果断坚决，我想你的这位好朋友恐怕就不好意思再来找你了。

校园智多星支招:

第一，你应该对朋友亮出自己的底线，一切有违班级纪律的事情，你都是不愿意参与的。并且在实际行动上，对于有碍自己学习、影响他人学习和违反班级纪律的事情坚决拒绝参与。拒绝的话不要觉得不好意思说，是非清楚又有原则的人，到哪儿都受欢迎。

第二，你应该反思自己在这件事情当中的问题。不仅仅是好朋友"拉"的问题，更主要的是你自己的自制力不够。因为你内心也有这样的意愿，所以才会在不好的诱惑面前跟好朋友一拍即合。因此，不要抱怨别人拉自己下水，提高自身的"免疫力"才是重点。

第三，看到好朋友违反班级纪律，既然你明知不对，就要对其善意地提醒。跟好朋友诚恳地沟通一下，我觉得没有人从心底里愿意当问题学生。有时候，同学之间的影响力甚至要大于老师和家长的。如果你的劝告好朋友能听到心里去，那么不仅你的烦恼解决了，还帮助了别人。皆大欢喜，何乐而不为呢？

孔子曾经说："三人行，必有我师焉。"相信每个人身上都有值得别人学习的东西。但是，当交友带来的害明显多于利时，我们就得慎重考虑了。希望我的建议能对你有帮助。

好朋友渐行渐远，我该如何挽留？

✏ **古长艺**

楼主求助帖：

我是一个初二的学生，最近有一件事情令我非常难过：我最要好的一个朋友这学期转学走了。虽然走之前说好的，我们永远都是最好的朋友，可是我发现，我们联系越来越少，到现在我们已经好久没说话了。她是不是有了新的朋友，就把我忘记了呢？我们现在几乎就是陌路人，可我还是会梦到她。我是一个很重感情的人，放弃任何一段感情都难，所以，我很苦恼，我该怎么做才能挽回这段渐行渐远的友情呢？

我要发言：

一楼　半面情绪

楼主你好！渐行渐远是一个双向的过程，既然她愿意让这段友谊默默消失，你也就不要强行挽回了！为了使你不痛苦，建议你把大多数时间都用来想如何好好学习，当然，我也不是鼓励你绝情，毕竟有些事情不是我们单方面能做得了主的。

二楼　痴人夸梦

主动才会有故事。既然曾经是最好的朋友，说明你们还是有很多共同点的。你联系她时该怎么说就怎么说，告诉她你最近发生了什么事情，或者学习上有什么问题可以一起探讨。想想她转学之前你们是怎么相处的，你们都谈论些什么话题，接着谈就是了。不管什么事情我们都要尽百分百的努力，不要给自己留下遗憾！

三楼　右手年华

我有一个亲戚加好友，我俩同龄且一起长大，但是我们现在没有话题了。顺其自然吧。除了亲情，所有的感情都是需要不断维护的，等以后上大学、工作了，你就会发现，朋友在不断地变化，时间会帮你做出选择。不要再纠结了，看看你身边还有那么多同学，珍惜身边的朋友吧！

四楼　青衣若素

鲜花盛开，蝴蝶自来！友情也是这样，只要你足够优秀，还怕没有朋友吗？楼主现在是初中生，应该把精力都放在学习上。中考马上就来了，楼主还是应当全力以赴好好备战中考，要是因为一份友情患得患失，影响了中考，没考上心仪的高中，那可就真的遗憾了！

校园智多星支招：

看了大侠们这么诚恳的建议，相信楼主一定会很快走出阴霾的。我觉得楼主要理智地分析一下你们联系减少的原因是什么。

第一，楼主要理解自己的好朋友，她到了一个新的环境，需要付出时间、精力去适应新的学校、老师、同学，所以可能有些忙碌，这就导致了你们联系减少。

　　第二，你们马上就要中考了，现在正是忙学习的时候，这应该是你们联系减少的主要原因。所以希望楼主调整好心态，与其自己一个人患得患失，不如多一分理解，多一分耐心！真正的朋友，并不靠聊天维系感情！要对自己的好朋友有信心，相信她不会忘记你们之间的友情的。

　　第三，我建议楼主，你们彼此都先把对方放进自己的心里，然后好好地生活、学习，做好自己目前该做的事情，不要把大好的时光都白白浪费掉，等到你们日后再次相聚的那一天，让对方见到最优秀的自己！若现在只顾着聊天，日后让好友见到一个落魄的自己，那才是人生最大的遗憾！

第 5 章

我与“我”

我害怕参加集体活动，怎么办？

文　桃

楼主求助帖：

我觉得自己有"社交恐惧症"，平时就不爱跟别人交流，尤其害怕参加班级的集体活动。举个例子，班级组织大家一起出去秋游，同学们都是三三两两的，只有我一个人像孤魂野鬼一样游离于众人之外。没人主动约我玩，我想加入别人，却觉得大家都不喜欢我，加入谁都不合适。本来是出去玩，我却感觉特别孤独。以后再有集体活动，我就更害怕参加了。

我要发言：

一楼　超级学霸

首先要纠正楼主一个错误的认识，你只是性格比较内向腼腆，完全没有达到"社交恐惧症"的程度。在集体活动中，不知道怎么跟人打交道，这是很多人成长中都会遇到的问题。所以楼主完全不必过于忧虑，自己吓自己，而应该积极乐观地看待问题。

二楼　非常帅的锅

我觉得楼主是陷入了一个恶性循环，平时就比较内向，不爱跟人交往，结果在班级里没有什么要好的朋友，从而导致集体活动时，没人和楼主一起。楼主在集体活动中也找不到乐趣，因而感觉孤独、无所适从，导致自己更不愿意参加集体活动。因为不愿意参加集体活动，别的同学更不愿意和楼主玩……如此恶性循环。我觉得，你应该克服自己的恐惧，多参加集体活动，这是改善自己交际的一种方式。

三楼　飞天剑侠

楼上讲的是一种方法，我也介绍一种方法，就是先攻克一个人，再攻克一群人。虽然楼主说他在班级里没什么朋友，但我相信还是有那么几个同学比较聊得来的。可以先从这些同学下手，平时多和他们接触，参加集体活动时多和他们在一起，凭借着与这些同学相处，慢慢融入集体中。感受到了集体的快乐，就不会害怕了。

四楼　我爱大黄鸭

我觉得楼主不应该有那么多的顾虑，总是担心没人跟自己玩。你可以全身心地投入集体活动中去，需要协作的活动，比如体育比赛等，尽力去做好自己的事情，为集体增添力量。对于一些放松身心的活动，比如秋游，就全身心地去享受大自然的美。你放松身心，心情愉悦，会更容易和大家打成一片。

校园智多星支招：

上面几位同学说得都很有道理，楼主只是性格有些内向而已，这不是什么大问题，只要能做到以下几点，很容易就能改变这种状况。

第一，平时应该主动去和同学们交往，和同学们做朋友。这一点，可以从兴趣爱好入手。找一些有共同爱好的同学，多在一起玩，比如一起踢球等。在一起玩得多了，关系自然就好了。集体活动时你自然就有了伙伴。

第二，应该学会主动参加集体活动，不要等着别人来邀请你，而应该主动去接触别人。比如秋游或者做游戏，主动去加入群体，和大家一起聊聊有兴趣的话题，往往能更好地融入集体。

第三，内心不要自卑，也不要太敏感。刚开始和同学交往，可能会遭遇一些尴尬，要相信这只是暂时的，不要放在心上，继续诚心地和同学交流，这样会更容易得到同学的认同。

腼腆内向并不一定是缺点，更不是病，所以完全不必太过担心。在与同学交往的过程中，更加主动一些，多想想集体活动所带给你的益处，多想想与同学交往的乐趣，全身心地融入集体中，你的问题就会迎刃而解。

我当众发言紧张，怎么办？

竹园清风

楼主求助帖：

我这个人，平时也挺能说的。可就是"狗肉包子上不了席"，一当众发言就紧张。比如，我刚转学过来的时候，老师让我到讲台上做一下自我介绍。其实我前一晚准备了很精彩的发言稿，可一到台上，看着台下几十双眼睛，顿时就傻了。提前准备好的发言全忘了，结果只是磕磕巴巴地说了一下自己的名字，就落荒而逃。以后就再也不敢上台发言了。

我要发言：

一楼　豹子头林冲

楼主啊，你这是一朝被蛇咬，十年怕井绳，因为第一次上台紧张了，以后就不敢当众讲话了，这样只会越来越胆小，越来越害怕当众讲话。谁第一次当众讲话不紧张啊，就算是那些知名主持人，估计他们中学时代第一次当众讲话，也有打磕绊的时候。只不过，他们是越挫越勇，第一次紧张了，下一次继续努力，就会越来越放松。

二楼　数星星的山羊

我当众发言也会紧张，尤其是在讲台上面对下面那么多张面孔和那么多双眼睛时。不过我发现了一个小窍门，就是每当我紧张的时候，就适时地低一下头或抬一下头，这样就看不到大家的眼睛了，可以舒缓一下情绪。不过不能总那样，要不然一直看着地板或天花板说话，像什么样子！

三楼　太阳哥哥

我觉得，楼主会紧张，是因为怕说不好，被同学们笑话。可是，你已经提前准备了，为什么不相信自己呢？这说到底还是缺乏自信心的表现。我的办法是，每次当众讲话之前，默默地在心里鼓励自己："我的准备很充分，同学们一定会喜欢！"增强了自信心就不紧张了。而且，你也要明白，只要把自己准备的东西表达出来，即使不好，效果也不会差到哪里去，可若是落荒而逃，却会成为同学们的笑柄。

四楼　大河向东流

其实，有时太紧张是因为你在内心对自己要求太高了。比如自我介绍，你总希望能"一鸣惊人"，结果反而会增添心理负担，会紧张。放平心态，对一个人介绍也是介绍，对全班的同学介绍也是介绍，不要过分在意别人会怎么看你的讲话，把自己想要表达的内容表达完整就可以了。

校园智多星支招：

当众讲话会紧张，这是一种普遍的心理状态，任何人都是这样。所以楼主首先应该有一个正确的认识，而不要因为一次的紧张就自卑，就失去了信心。想要克服过分的紧张情绪，你可以试试这些办法：

第一，抓住机会多练习。其实，在课堂上回答问题不也是一种当众发言吗？你可以抓住机会，无论是课堂提问，还是在班级和同学们讨论问题，都要踊跃发言。你发言多了，得到了同学们的认可，自信心就会慢慢建立起来。即使将来站在讲台上讲话，也不会紧张了。

第二，多观摩。学校举办演讲比赛、辩论赛等，即使你不敢参加，也要经常去看看。一来是向优秀的同学学习发言技巧；二来是那样的气氛，会激发你内心更强烈的想要当众表达的欲望，能帮助你克服紧张情绪。

第三，发言前排练一下。如果有上讲台当众发言的机会，不妨事先找几个要好的朋友给你当观众，排练一下。排练得熟了，真正登台的时候，紧张情绪就会减少一些。而且，准备充分，你心里也会更有底气。

无论是你们现在在学校，还是将来走上社会，都会遇到当众发言的情况。千万不要畏惧，更不要退缩，而应该克服自己的紧张情绪，做一个敢于当众发言、善于当众发言的人。

不敢跟异性说话，怎么办？

枕 石

楼主求助帖：

先声明一句，本人性别男，长相起码比青蛙高一个档次。据可靠消息称，我在男生面前无拘无束，还有点幽默感，但一到异性面前就"蔫巴"了。

有一次，班主任让我转告女班长一件事儿。我先在走廊里打了好几遍腹稿，然后找到女班长，张了张嘴，却紧张得说不出话来！我脸红心跳，手心出汗，不得已憋出这么一句话："老师找你。"最后落荒而逃，真是狼狈啊。你说我咋就这么没出息呢？事后我"狠狠地"惩罚了自己——做了一个俯卧撑。

更郁闷的是，我有个同学叫齐玲玲，她住在我家楼上。有一次，学习委员让我把她的作业本捎回去，我按响了她家的门铃后，躲在一边。齐玲玲大声问："谁呀？"我没敢回答，扔下作业本，拔腿就跑。这件事传开后，被室友们评为年度"最牛糗事"。

唉，说到底，我不敢在异性面前说话，是因为我羞怯，怕她们笑话我。苍天啊，大地啊，我该怎么办啊？

我要发言：

一楼　小李飞瓜

哈哈，楼主说话可真逗，就凭这一点，楼主大可放心，你在异性面前说话肯定会左右逢源，大受欢迎，她们羡慕你还来不及呢，哪能笑话你啊！楼主，自信一些，大胆地开口吧。我很看好你哦！

二楼　仙人掌花

我以前也不敢跟异性说话，跟楼主一样胆小，后来我把心一横，脸越红，我越找异性说话，结果呢，红着红着脸皮就变厚了。现在，我可是练就了一副伶牙俐齿。楼主不妨也试一试，多红几次脸就习惯了！

三楼　我非鼠辈

异性又不是怪物，不要那么怕嘛！其实没有什么，多多接触就好了。是你自己在作怪，别太注重性别。楼主不妨把女生当成自己的姐妹，二楼不妨把男生当成自己的兄弟，跟自己的"家人"说话，还有什么好怕的？

四楼　蜡笔小旧

强烈建议先不要急着跟异性说话，不如多读读书，多跟性格开朗的同学交流交流，等有了丰富的学识，练好口才，自然就敢说了。

校园智多星支招：

同学们正处在青春期，存在羞怯心理，不敢跟异性同学说话，或者一说话就会紧张、脸红，这都很正常。但长此以往，势必不利于个人的成长。那该怎么办呢？

第一，要克服羞怯心理，自然大方地跟异性说话。当你脸红时应尽量忘却它，不要担心别人是否会在意。其实你在别人心目中，并没有你想象的那么窘迫，也没有那么引人注意。如果你能松弛下来，把注意力集中在应说的话或应做的事上，你就会渐渐忘记不自在。要知道，松弛是克服羞怯心理的关键。其实，你越羞怯，就越显得不自然，结果导致你在异性面前表现越糟糕，甚至形成恶性循环，很不利于培养自己的交际能力。不如自然大方一些，像一楼所说的，"大胆地开口吧"！

第二，要多读书，注意学习别人跟异性说话的技巧。这样一来，你肚里有货了，底气十足，说起话来自然左右逢源喽。当然，四楼说得有点片面了，读书和练口才可以互相促进嘛，不必分出先后来。

第三，要勤锻炼，强化参与意识，多跟异性接触。多跟异性同学说说话，刚开始可能会丢脸，不过熟能生巧！多参与，多交流，久而久之，自然就练出来了。每次说话前可以暗示自己："没有什么大不了的，我能开口说话就是成功。"

只要你不怕丢脸，勇于克服羞怯心理，抓住机会多多锻炼自己，相信你很快就能在异性面前侃侃而谈了！

交际中我虚荣心较强，怎么办？

✎ **王新海**

楼主求助帖：

我现在正在念高一，在跟同学们交往时，我觉得自己的虚荣心越来越强，这在一定程度上给我的交际带来了障碍。比如，我对自己的外在形象非常注意，生怕不被别人认可或被人嘲笑，时刻都希望自己给别人留下最佳的印象，生活因此而变得很累。因为很在乎别人对我的态度和看法，常常在刻意营造完美的同时，伤害了同学的自尊……呜呜呜，哪位能告诉我，该怎么办才好呢？

我要发言：

一楼　海上日出

虚荣心其实是自尊心过度的表现。在它的驱使下，人们往往只追求面子上的好看，不顾现实的条件，这会带来非常严重的后果。

二楼　绿草青青

是呀，虚荣心与自尊心是有联系的，自尊心又和周围的舆论密切相关。但不管怎样，自己对完美的追求、别人的看法与议论，都不应当是助长自己虚荣心的理由。要想获得别人真正的尊重，需要自己的不懈努力，这样才能不被虚荣心所驱使，成为一个高尚的人。那时候，换回的就不再是"虚荣"，而是实实在在的"荣誉"了，你说是不是？

三楼　谁家螳螂

我们要一分为二地看问题，我觉得，虚荣心从反面来说是心浮气躁，但从正面说则是积极向上的，因为你只有具有了强烈的受人尊重、被人认可的欲望，才有可能迈开步子、努力追求。试想，一个安于现状、顺其自然的人，他还会有什么进步可言？所以啊，我们要从不同的角度来理解"虚荣心"这个概念，而且要把虚荣心控制在合理、适度的范围内。

四楼　夏日海风

人贵有自知之明。一个人应该树立崇高的理想，追求内心真实的美，而不是图虚名、慕虚荣。生活中，很多平凡的人能干出不平凡的成绩，就是因为有自己的理想，能够做到脚踏实地、身体力行。

校园智多星支招：

同学们，拥有较强的虚荣心，是我们交际的一大障碍，那么，如何克服虚荣心呢？这里介绍几种方法：

第一，树立正确的价值观。名声、外在形象实际上都是抽象的、虚幻的、人为的，受每个人的价值观念影响的。只要你有积极的进取心，友善的交际态度以及成熟的思维，不必过多考虑他人会说什么，有什么看法。

第二，调整追求目标。把追求胜于他人的欲望变成追求自我奋斗的实际行动，尽可能摆脱对表面东西的追求，通过积极的学习和努力，使自己成为一个强者。

第三，客观评价自己。对自己的优缺点有一个真实的评价，要敢于正视自己的不足，建立对自己的信心，不要自欺欺人。

第四，不要为虚荣所累。同学们在平时的交往中，不但要表现自己的优点，对于他人对缺点的指正，要做到闻过则喜。在人际交往的各种活动中展现出真实的自我，既有助于自己克服虚荣心理，也有利于借助他人的评价，及时自我修正。

解码青春期
心理健康课
趣味小测试
快乐聊天室

扫码获取

"随便先生"处处碰壁，怎么办？

🖋 柳清泉

楼主求助帖：

"随便啦！"这可是我的法宝。每当大家一起做决定，轮到我发表意见时，我就这么说，屡试不爽。因此，人送绰号"随便先生"。可我今天却屡屡碰壁……

室友小敏带来一些水果，问我："你要橙子还是苹果？"我连忙说："随便啦！"谁知小敏一听就生气了，吼道："又是'随便'，要'随便'你就别吃了，我带的是橙子和苹果，可不是'随便'！"唉，我只不过表示我的随和罢了，至于发这么大的火吗？

下午，大家一起策划班级辩论赛，做了两个方案，区别挺大，争论起来。问我的意见，我说："随便啦，哪个方案都可以。"小吴当即质问我："你什么意思？是不是觉得我们这两个方案都不值得讨论？！"冤枉啦，我只是想尽快结束这场争论而已啊。

"随便"只是个口头禅，并没有啥深层意思，有利于跟人打交道啊。可我为什么会处处碰壁呢？是不是我说的话有什么问题？请各位支支招吧！

我要发言：

一楼　送你葱

很多人都把"随便"的意思弄混啦！你想以"随便"表示随和，在小敏看来，"随便"却是漠然、不近人情的代名词；你想以"随便"结束争论，小吴却觉得受到了蔑视。这真是你说"鸡"，对方理解成"鸭"啦！不处处碰壁才怪呢。

二楼　叨里个叨

说"随便"其实代表了一种从众心理，并不严重，却会让你在人际交往中"碰壁"。"随便"虽然是一个看似洒脱的通用语，但却透出一种漠然，甚至是忍耐的意味。它有很多含义，第一是表示遵从对方的意愿；第二是表示厌烦，想尽快结束谈话；第三是心有不满或异议，但觉得没有争论的必要或筹码，干脆弃权；第四则可能是不愿动脑子、不愿负责任的推诿之辞。人们之所以反感"随便"，是因为社会倡导交流沟通、各抒己见、团队合作，而常说"随便"的人让人觉得他不愿意与人合作、做事不努力、没有主见。不管在哪儿，这样的形象都不太受人欢迎。

三楼　青衣仙子

依我看啊，交际中的主动权是需要自己争取的，你说"随便"时，就等于把主动权交给了对方，让对方来做出选择。而对方想听的，恰恰是你的意见。双方的交际意图不能达成一致，自然无法有效交流了。所以，奉劝你一句，慎重说"随便"吧。

校园智多星支招：

楼主要改变这种交际心理和习惯，就要学会适当地主动发表意见。

如果楼主想要表达自己的意思又不招致反感，就要表现出礼貌、体贴。比如小敏的问题，最好回答"你带什么我都爱吃"。像小吴咨询方案的问题，需要稍作分析再决定。总之，一定要提出看法，无论如何，都应该让人明白，在做决定的过程中，你也在努力参与，这样才会更易于被大家接受和喜爱。

楼主喜欢说的"随便"，一般出现在以下两个常见的场合。一是"你想吃什么？"如果朋友在餐厅这样问你，最好回答"你对这个餐厅比较熟，听你的准没错"。如果是亲人在家下厨，你可以说"您别太累，做点简单的就成""您做什么我都爱吃"。二是"你觉得我们该采用哪个方案？"或"你觉得我该选哪件衣服？"别人邀请你参与决策，发表意见时需要表现自己确实经过了深思熟虑。如果是同学、朋友问你，你可以稍作分析再说；如果是家长、老师问你，你可以说"您经验丰富，您的选择肯定没错"。

当然，如果有自己的看法却不便直接指出，可以说："我觉得这个方案还可以，我觉得再加上×××会不会比较好。不过，这只是我的一点看法，不知道对不对，说错了您也别在意。"

总之，不要轻易说"随便"两个字，凡事说"随便"会让人不愉快。

总爱和同学攀比，怎么办？

英洪波

楼主求助帖：

我是一位初三的女生，名字虽然叫"小燕子"，但我却没有小燕子那般快乐、招人喜欢。前几天，我从班级前三名的"阵营"出局了。看着取代我的章美婷，我就气不打一处来。我看到章美婷买了件新衣服，就逼着妈妈给我买了件更好的。看到她换了一辆自行车，我就逼着爸爸给我买了一辆更贵的。可是穿着漂亮的衣服，骑着高档的自行车，我却发现自己并没有快乐起来。看到章美婷和同学们相处得非常融洽，平时爱笑的我也没有了笑容，反而有一种酸酸的感觉。我知道这是一种不健康的心理，请各位大侠帮帮忙吧，小燕子感激不尽！

我要发言：

一楼　小不点

我觉得楼主的心理，在中学生中普遍存在。"眼红"他人，与人攀比，这是一种正常的心理现象，这是我们的虚荣心在作怪，楼主只是需要好好调整一下自己的心态。

二楼 水中无月亮

楼主确实处在不健康的心理状态中，你需要转变你的思维，用欣赏的眼光去看待别人。其实攀比心理，从某一方面说，是一种自卑的表现。因为觉得自己不够好，从心底对自我产生"否定"，才会"眼红"别人。其实应该换个角度，学会欣赏自己、发掘自己的优点，再客观看待、欣赏别人，这样你的症状就会减轻啦！

三楼 大傻瓜

其实攀比从某方面来说，也是一种要强、好胜的表现。关键是要把握一个度。我初二那年，看到一个同学各方面都比自己好，便处处与此人攀比，结果这种不健康的心理直接影响了我的学习。可见，我们应该认清什么该比，什么不该比。要有敢于比拼的勇气和信心，但是也要明白"适可而止"的道理。

四楼 东坡先生

我同意大家的说法，要学会欣赏他人又不迷失自己，真的不容易做到。我看还是要好好给自己充电，在强化内功上做足文章。只有及时改变视角、不断地提升自身素质，才能站得高、看得远，准确地给自己和他人定位。到那时，所谓的症状自然也就被赶到爪哇国去了，楼主又能露出开心的笑容啦！

校园智多星支招：

攀比是一种恶性竞争，是过度的虚荣心在作怪。"比"的结果只能是徒增自卑和更大的心理压力，最终有可能导致出现病态心理。因此，及时调整就显得尤为重要。

第一，做好自我剖析。弄清攀比心理的起源，是自卑、好强还是嫉妒；分析攀比的内容，是学习、交际还是物质条件；总结攀比的方式，是埋在心里还是"付诸"行动。

第二，进行自我矫正。客观看待他人，不再气人有，也不再怨己无。多读书多思考，虚心请教老师，不断提升自身素养，特别要和"攀比对象"交朋友。只有彼此心灵交汇，才能更好地摆正心态、融入集体。

只要敢于正视自己，学会欣赏他人，这些困扰都会迎刃而解。相信楼主一定会很快调整好自己，成为一只真正快乐的小燕子，飞翔在属于你的天空！

解码青春期
心理健康课
趣味小测试
快乐聊天室

扫码获取

考不好就脾气暴躁，怎么办？

姚　远

楼主求助帖：

我平时是挺好相处的人，但是每次考试成绩不好的时候，就特别暴躁。有一次，我考得特别差，坐在座位上生闷气。中午的时候，有个同学叫我："你快去吃饭吧，今天有红烧肉！"我没好气地说："你去吧，我不吃了！"她说："你今儿转性子了，红烧肉都不吃啦！"这本来是同学间的玩笑话，可是我脱口而出："我吃不吃饭，用得着你管吗？事儿多！"那个同学听了很生气，到现在都不理我。其实我也不是故意的，就是一考不好就控制不住自己的脾气，我该怎么办？

我要发言：

一楼　月亮哭了

楼主是不是把考试看得太重了？考不好，伤心有什么用呢？继续努力才是正道啊！不光是学习，做任何事都会遇到挫折。我们必须明白两点：第一，挫折是难免的，就是再牛的学霸也有考不好的时候，所以一次的失败并不代表什么；第二，失败了就伤心甚至发脾气，一点用都没有，调整心态，继续努力才能取得好成绩。想明白了这些，你应该就不会乱发脾气了吧？

二楼　爱学习的学渣

我觉得楼主的问题不在学习上，而在自己的情绪管理上。说白了，就是遇到事情控制不住自己。心里有不高兴的事，爱迁怒别人。你情绪不好，是自己的事情，关键在于自我开解，自己想通了，就什么事都没有了。冲别人发脾气，并不能解决自己的问题，还会得罪人，最后把自己搞得跟个刺猬似的，谁离自己近就扎谁，还能有好朋友吗？

三楼　巨人巨人向前走

我和楼主有相似的地方，就是有时候也管理不好自己的情绪，爱冲别人发脾气。后来老师告诉我一个方法，就是在情绪不好的时候，默数三个数再说话。自己心情不好的时候，跟别人交谈，在开口前我总是在心里默数"一、二、三"，数完之后本来是发脾气的话，也都说不出口了。我后来养成了习惯，即使是心里不默数，也很少再出口伤人了。

四楼　生如夏花

楼主还应该做的一件事就是补救，一方面，要控制自己，尽量不要因为自己心情不好就迁怒别人；另一方面，万一没控制住自己，对别人发了火，也该跟人家真诚道歉。每次道歉，也是在反思自己，警示自己以后不要再犯类似的错误。

校园智多星支招：

楼主的问题，还是在情绪管理方面。成年人尚且有情绪失控的时候，何况未成年的中学生？只要能意识到自己的问题所在，并积极地去调整、改正，我们就能慢慢地成为自己情绪的主人。

第一，调整心态，正视学习。学习成绩往往成为你坏情绪的导火索，所以要学会正视考试成绩。成绩好，说明你前一段的努力取得了成效，是值得庆祝的事情。哪怕没考好，总结失败的原因，我们也能找到继续努力的方向，这对我们的学习也是有利的。胜不骄败不馁，正视成绩，才能不断进步。

第二，学会疏导自己的情绪。坏情绪每个人都会有，最重要的是选择什么样的方式把它排解出去。冲别人发火宣泄自己的情绪，是不明智也不理智的做法。遇到事情，不要憋在心里，跟要好的朋友倾诉一下，或者跟老师、家长倾诉一下。通过真诚的交流和倾诉排解自己的情绪，是更好的选择。

第三，提升自己的情商和修养。修养是情绪的根基，提升了修养和情商，情绪管理的能力也会得到提升。平时多阅读一些类似《演讲与口才·学生读本》这样的书刊，对内在修养的提升很有帮助。另外，主动多跟一些有修养和情商高的长辈、同学进行交流，学习他们待人接物、与人相处的方式，也能帮助自己提高和进步。

情绪管理是人生的一门必修课，我们每个人，从小就要去学会管理自己的情绪。做情绪的主人，而不要做情绪的奴隶！

我说话总让人误解，怎么办？

🖋 琚金民

楼主求助帖：

有一次，同桌拿了一篇文章给我看，我说道："这篇文章很好，你写的？"同桌不满地答道："难道是我抄的吗？"我其实不是这个意思，只是惊叹他的文笔竟如此优美。又有一次，有朋友唱了一首歌，我说："我也是醉了。"他很不高兴，悻悻而去。我只是表达我被歌声陶醉的心情，不料却被人误会。生活中像这样的事例很多，我说话总让人误解，该怎么办？

我要发言：

一楼　云淡风轻

楼主，我也是个"直男"，说话让人误解，后来我尽量少说话，言多必失。多想少说，先自己琢磨下，再说出来，这样效果很不错。先预估一下将要说出的话会不会伤害别人，会不会让人误解，如果不会就说出来。

二楼　海天东望

我不太同意楼上的意见，那是因噎废食的做法，因为说话会让人误解就尽量少说话，按照那样的逻辑，不说话当哑巴最安全。如果说话之前还要先预测一下会不会让人误解，这样说话也太费劲，活着很累也不真实。

三楼 水中央

楼上两位大侠说得都有其合理的地方，可以综合起来看。说话力求自然，不要心机太重，不必尽量减少说话，该说的还是要说，但伤人自尊的少说，评判别人的话要先过一下脑子，避免伤及无辜，避免产生不必要的误会。

四楼 风吹古木

非常支持楼上的意见。语言是重要的交流工具，不能因为害怕遭人误解就不说。用进废退，说话也需要练习，熟能生巧，巧能生精，说得多，练得多，说话的技巧就会提高。提高口才才是解决问题的关键，善说巧说才能避免对方的误会，还能增加人格魅力，让更多的人喜欢与你交往。

校园智多星支招：

相信看了上面四位大侠的发言，楼主应该知道怎么做了吧，我们应该注意以下几点：

第一，多说多练，及时总结。说话技巧只有在语言运用过程中才能获得。如果说错话，自己要总结一下原因，是什么原因导致对方误解。如果自己的话很有技巧，让对方愉悦，也总结一下成功的经验。在交流的过程中听到对方精彩的发言也要揣摩一下，学习其中的技巧。

第二，仔细考虑，谨慎说话。这就像驾车一样遇到弯道就要放慢速度小心驾驶。敏感的话、伤人自尊的话、评判是非的话，这些在说出来之前要经过大脑打磨，怎样说不让人误解，怎样说不会误伤别人，考虑好才说出来。

第三，提高技巧，消除误解。说话时要把自己的意思完整地表达出来，以防别人断章取义，导致误解。比如赞同别人的文章好，可以说："这篇文章很好，你让我刮目相看。"尽量避免使用让人误解的歧义句，如"好玩""好笑""我也是醉了"，这些词句有多种理解，很容易让人产生误解。说话还要注意语气语调，语气语调与你要表达的内容要和谐，否则会让人觉得你言不由衷，也会误解你的本意。

第四，放下顾虑，及时补救。沟通交流并非一次性买卖，可以反复交流，要多与对方沟通，让对方明白你的真实意图。当你说的内容让对方误解时，还可以后续加深语言交流来救场，学会补救的技巧。说错了，没关系，误会产生了，也没关系，可以去主动化解，消除矛盾。

快开口，别再做"哑女"

马志国

楼主求助帖：

大家好，我是一名在上中学的女生，在我童年时期家庭经常发生"战争"，父母的"战争"一起，我就躲在角落里悄悄落泪。因此，我变得懦弱、恐惧，甚至怕见生人，不爱说话。上了小学，发现自己不能适应班级生活，就让自己远离同学，一些男生就爱拿我取笑。最后，我转学了。上了高中后，功课紧张，我更是少说话，很少与同学交流。渐渐地和同学没有了共同的话题，我感觉自己变得非常笨拙和可笑。更有甚者，几个无聊的男生给我起绰号叫我"哑女一代"，这让我怒火中烧，但又无计可施。我十分痛苦、恐慌。我该怎么办？

我要发言：

一楼 老鼠爱玉米

我觉得，最重要的问题还是在于你的心结。由于童年生活的影响，你形成了强烈的自我否定意识，就是对自己形成了否定的评价取向，没有自信，深感自卑，自己瞧不起自己。具有自我否定意识的人，总是以为别人瞧不起自己，是别人让自己抬不起头来。你说自己笨拙和可笑，正是这种心理表现。

二楼　休闲阳光

楼上说得对，但凡以为别人瞧不起自己的人，都具有自我封闭的人格特征。你为了不让自己受到伤害，就把自己封闭起来，就远离同学，很少与人交流。于是，有了"哑女一代"的绰号。受此打击，你敏感的心灵更加瞧不起自己了。你说自己十分恐慌。你怕的是什么？就是怕别人瞧不起自己。

三楼　tnt323

楼主首先应当学会欣赏自己，瞧得起自己。你可以从一点一滴的小事开始，对自己进行重新评价，找一找自己满意自己的地方。比如，你靠自己考入了高中，比如你能勤奋学习，比如在别人需要帮助的时候会伸出自己的手……我相信你能找到自己很多值得肯定的地方。

四楼　一杯浓茶

你要学会接纳别人，学生时代，谁没有"荣获"过一两个绰号，谁没有被人当成笑柄的时候？就是那个让你怒火中烧的"哑女一代"，你也可以完全把它看作对自己的一个客观评价，是一个很好的提醒，提醒自己不要再做"哑女"。

校园智多星支招：

大家都说得不错，最后也是最重要的，你要多多开口。一旦做到了上面几位的建议，你就会感到与人交流比较容易了。不爱说话的你其实也很想说话，现在你就赶快多多开口吧。也许，同学们根本就不知道一个绰号让你那么痛苦。因为，你只是"想"去责问，根本没有开口。

以后，你不要只是"想"，必要的时候，你要命令自己开口，说出自己想说的话。不信就试试，你找班上合适的同学，坦诚地说出你的感受，你会感到他们原来不是那么坏，你也会感到自己原来就是大家庭的一员，过去只是封闭自己和逃避集体了。你可以从一点一滴做起，比如，和与你较为亲近的女生，每天多说一句话，再与同宿舍的同学，每天多说一句话，一旦你多多开口，你就会感到你的生活变得大不一样。

解码青春期
心理健康课
趣味小测试
快乐聊天室

扫码获取

我总是对人有敌对情绪，怎么办？

✏ 陈 超

楼主求助帖：

我是一名初中二年级学生，我身边能敞开心扉沟通的人很少，因为我总是对人有一种敌对情绪。比如，由于我学习成绩一直比较差，老师经常把我家长叫到学校训斥，然后我回到家里就肯定要遭殃，因此我对所有教我的老师都很厌烦。有些同学跟我聊天，告诉我哪些事情不能做，我就从心里恨恨地想：别以为你比我学习好，就有了教训我的资格！爸妈有时跟我谈学习的事，我更是烦透了，他们喋喋不休的时候，我甚至会塞上耳机，把音乐开到最大……现在我突然发现自己很孤独，我像个扎人的刺猬一样对人心存敌意，结果没有人愿意跟我交流，再这样下去我会疯掉的，请大家给我指点迷津，我到底怎么了？

我要发言：

一楼　闹海三千里

一个人的敌对情绪来自他那灰色的心理地带和对别人的不信任，即使他并不明白别人在想什么，他也会怀疑别人怀着不良动机。这不仅会伤

240

害别人的情感，而且对自己的身心健康极为不利。你还是赶快调整好自己吧！

二楼　薇薇

在海底有一种"斗气鱼"，这种鱼的气性很大，一遇到同类对自己有不友好行为或令它不快的事便会肚子鼓胀起来，而且需要好长时间才能消化掉。有些鱼甚至因气性太大或者遇到的"烦心事"过多而致使肚子过度膨胀，最后爆裂而死。这种鱼的悲剧正是来源于自己的敌对情绪太大、气性过旺，理应引起我们的深思。

三楼　光头强

要与人为善。在与人交往时应不抱成见，真诚待人，宽以容人，不要事事都往心里去，更不要为一丁点蝇头小事就与人横眉立目，怒发冲冠，或毫不顾忌地谩骂、诋毁他人。对待自己要严格一些，学会自我约束，培养分寸感。

四楼　樱桃小丸子

对人不要斤斤计较，要有闻过则喜的心态，这样你会感到好像从自己的肩上卸下那沉重的愤怒包袱，帮助你忘却那些不愉快的事。久而久之，敌对情绪也会消除。

校园智多星支招：

有没有可能缓和一个人的敌对情绪，使之成为一个相信别人的人呢？答案是肯定的，下面几点建议，供参考。

第一，勇于承认问题。让你的老师和同学了解你，知道你已经认识到自己存在遇事易生敌对情绪的坏习惯，并且向他们表示你已经打算控制这种不良的情绪，寻求他们的支持和帮助。

第二，理性控制自己。当与人为敌的想法在头脑中出现的时候，要用理智来控制，多往好处想，多想些能借以自慰的事，使敌意逐渐消除、化解。

第三，善于理解别人。遇事千万不可冲动、鲁莽，应当设身处地地替别人多想一想，这样才能理解别人的思想观点和行为举止。生活中，往往是你理解别人，别人才能理解你，互相理解，才能互相体谅，互相谦让，久而久之，敌意就无立锥之地了。

第四，应有自知之明。正确认识和评估自己，不自视过高，产生自满心理；也不妄自菲薄，形成自卑感。不要逞强，要多看别人的长处，想到自己的短处，自觉调整自己的意识和行为，使自己的心境始终处于平和、稳定的状态。

主动帮助他人却被视为作秀，怎么办？

高春芳

楼主求助帖：

坦白说，我并不是十分热心的人。但是，我也不是一个冷血动物。虽然以前不怎么主动帮助别人，但那是我内敛，不知道怎么去行动，其实我心里是很渴望帮助别人的。最近，通过心理辅导，我明白主动帮助别人其实也不是一件难事。周一放学时，一位同学乘公交没带零钱，我主动帮她付了；周二课间，我主动帮周围的同学打水；周三晚自习之前，我主动帮值日生把教室打扫了……这一周，我每天都主动做了一件助人为乐的事。可是，今天，我居然听到同学们在议论我，说我平时也不这么热心，现在突然主动帮助大家做事，是因为要评选优秀团员了，所以才如此作秀的。我很苦恼，不知道该怎么办。

我要发言：

一楼　蓝洋洋

助人为乐是好事，你又没干什么违法乱纪的事，你害怕什么？同学们议论你，是因为他们心眼小，何必在乎呢？你问问他们，有没有勇气也和你一样去帮助别人？如果没有，他们就没资格笑话你。

二楼　随枫零

我觉得，这是你没有和同学们好好沟通的原因吧。你突然变得很热心，一整个星期都与以前不同，主动帮助同学，难免让人猜疑。你应该和同学们好好交流一下，告诉他们你的真实想法，争取得到他们的支持。这样就能减小被人议论的概率了。

三楼　逍遥剑客

楼主，被人议论时，我们是因此苦恼消沉，还是一如既往地做自己呢？我觉得，后者更可贵。坚持做自己认为对的事情，没必要因为别人的议论而退缩。如果楼主不是像同学们所议论的那样，为了评选优秀团员而助人，那你就应该努力坚持你助人的行为。时间久了，谣言就会不攻自破，同学们也会从心底里认可你。楼主，加油！

四楼　午夜阳光

没有无缘无故的爱，也没有无缘无故的恨。同学们议论你，是因为你以前并不十分热心，现在的转变与以前留给他们的印象有反差。要想彻底逆转这种反差，给同学们留下全新的印象，这需要时间。楼主别苦恼了，一时的得失不算什么，关键是你自己能正确认识你的行为，化苦恼为力量，做一个真正助人为乐的人。

校园智多星支招：

和同学们生活、学习在一个空间里，难免有被他人议论的时候，这时我们该怎么办呢？总结以上几位大侠的意见，现综合如下：

第一，反躬自省。当你主动助人而被同学们议论时，你应该先反思一下，看看自己的行为是不是正确的。如果是，那就没必要为此而苦恼了。

第二，互通有无。自己做好事，这是行动上的表现。之所以会引起同学们的误会，关键还在于他们不了解你的真实意图。所以，你以后有什么想法，记得和同学们多沟通，同学们知道你的想法后，就不会对你产生误解了，你也不会因此而烦恼了。

第三，坚持不懈。一种好的行为，不是一时的冲动，而是长久的坚持。也许，你刚帮助别人时会被同学们议论，但是，如果你坚持下去，时间久了，同学们看到了你的真心，就会看到你优秀的品质，并意识到是自己思想狭隘了。

同学的玩笑"伤不起"，怎么办？

泓 泉

楼主求助帖：

我是班级里有名的"没人理"。我一跟女生说话，刚开口就满脸通红。于是，我感觉全班同学都用异样的眼神看我，"猴屁股""大龙虾"之类的绰号都扣在我的头上。这对我来说，是极大的侮辱。谁叫我外号，我就跟谁急。我甚至向妈妈和老师告过状，可惜处境并没有改变。我越着急，他们越叫得响亮。那些被老师批评过的同学，开始逐渐孤立我。现在我已经不愿去上学了，甚至打心眼里讨厌那个班级。现在我最盼望的是放假，自己在家里看看书、听听歌、看看电视，倒是自在无比。唉，真希望每年只有寒假和暑假呀。同学开的玩笑真的"伤不起"，我该怎么办？

我要发言：

一楼　笑里没藏刀

楼主，大家开个玩笑而已，反应别那么过激。估计他们玩心大，也没什么恶意。一开玩笑就恼火，的确不讨喜。借助老师家长的力量，更是"火上浇油"。不如把你真实的想法和盘托出，与他们心平气和地沟通，估计就能改变这种局面了。

二楼 宛平公主

当年我也和楼主一样，开不得玩笑。后来，我学会了一招幽默反击，互相打趣，结果我不但学会了开玩笑，还跟同学打成一片。他们再叫你绰号，你不妨这样说："'猴屁股'咋啦？蹲在树上就是红灯。"或者说"'大龙虾'，海底产品，无污染，一般人还吃不起呢。"

三楼 霹雳五号

楼上说得好，对付那些乱起乱叫绰号的人，就应该脸皮厚一点。我老妈常说："被别人骂两句能把你怎么样，话又粘不到身上。"你越脸皮薄，就会越敏感，长期处于敌对和自我保护的状态，当然就无法融入集体了。脸皮厚一些，刀枪不入，你就不会有这么多烦恼了。

四楼 我为哲学狂

《鲸鱼哲学》里说，注意力就像阳光，你关注什么，什么就会生长，你忽略什么，什么就会枯萎。如果楼主满脑子都是"绰号事件"，估计就形成惯性思维了。不如把精力放在学习上，忽略外在的干扰，不做理会，它自己就会"枯萎"了。

校园智多星支招：

楼主出现这样的状况，主要是由自卑心理引起的，建议你从多个角度来考虑问题。

第一，不妨与那些开你玩笑的同学多沟通，了解他们开玩笑的原因。

一般呢，同学间的玩笑并没有恶意。正如一楼所说，自己跟同学说清楚，讲明你不喜欢这样的玩笑，就会减少困扰了。

第二，要学会自己解决问题，避免向师长求助。遭遇"绰号事件"，你求助他人便失去了锻炼自己处理问题的机会，还会养成"依靠别人"的不良习惯，再遇到类似问题还是难以解决。因此，你可以请求老师和家长帮你分析问题，最好不要请他们代为处理。本来是同学之间的事情，大人一旦插手，就会变了味道。

第三，你要学会反思自己的行为。很多时候，问题出现了，我们都喜欢在别人身上找原因，而不愿意去琢磨一下自己哪些地方没有做好。只看到别人的错误和缺点，并不代表你有多优秀。产生问题时，不妨先从自身找找原因，这样才会更快地成长。

第四，楼主要克服自卑心理，将自己和同学摆在平等位置上，并通过换位思考而逐步找到解决问题的方法。多尝试几次，跟人沟通起来，就会游刃有余了。比方说，当你听到别人叫你绰号时，你不妨想"大家喜欢跟我开玩笑，是觉得我可爱吧"。别小看这个微小改变，它会让你遇到问题向好的方面想，不快的心情自然就会烟消云散了。

因 "缺心眼" 出口伤人，怎么办？

✎ 琚金民

楼主求助帖：

我有一张讨人嫌的嘴，说话经常不经大脑思考，结果出口伤人。一次，我在班上说："离异家庭的孩子心理都有问题。"不料，此后我的同桌便不理我了，因为她的父母离异，我误伤了她。

还有一次考试，数学试题很容易，大家的分数比较高，我对好友说："这么容易的试卷要是考不上80分，不是'弱智'就是'脑残'。"我刚说完，她就生气地不理我了，我想起来了，原来好友这次只考了60分。一次英语课，老师让我和一名男生表演情景对话，我却大叫："啊，我怎么能和一名丑八怪表演呢？"这名男生脸上有一块胎记，他最怕别人说他丑。全班同学都觉得我太过分了。每次说出伤人的话我都后悔，可是我管不住这张嘴，怎么办？

我要发言：

一楼 言者无心

你的嘴确实该管一管了，说话不经思考，随意出口伤人，会使你的人际关系变得不和谐，伤害了别人的自尊心，谁还愿意和你做朋友呢？如果这样下去，你的朋友都会离你而去，你会成为无人理的"孤家寡人"。

二楼 一句话一辈子

你快言快语，主观上也许你没有伤害别人的动机，只是说话时没长心眼，没有考虑到听众的情况，结果是伤害他人，得罪了朋友。不了解你的人对你的话会耿耿于怀，甚至会铭记一辈子的。

三楼 乐观的天使

你已经知道自省了，这种积极的认错态度值得肯定，只要努力去改，说话时多动动脑筋，这种状况肯定会有所改变的。

四楼 思是言之始

楼上说得好，说话要经大脑筛选，要处理好"想"和"说"的关系，先想后说，预想一下自己想说出口的话对周围的人是否有杀伤力，如果有就不说，或委婉地说。

校园智多星支招：

相信楼主看了楼上几位大侠的高见，一定知道该怎么做了吧。建议你不妨从几个方面来考虑。

第一，学会换位思考。可以在自己的话未说出口之前，假设自己是听众，听了这些话是否舒服，是否伤着自己，如果不舒服就不要说出去，因为说出去会伤着别人。只有通过换位思考，你才会真正懂得将要说出口的话对他人是否造成伤害。

第二，打磨自己要说的话。先想后说，说话时要将自己的话进行打磨、加工，说话语气不要太冲，要注意场合，要考虑听众的身份、个性、经历。说话不要太随意，要经过大脑思考，什么该说，什么不该说，自己要有一个判断标准，绝不能让不符合标准的话说出口。

第三，不说极端的话，说话要留有余地。要考虑到听众的特殊情况，不可以偏概全，要辩证地分析问题。留个心眼，莫要一竿子打翻一船人，莫让一句话打击一大片，让自己的人缘恶化。

解码青春期
心理健康课
趣味小测试
快乐聊天室

扫码获取

总是苛求他人，怎么办？

✎ 马志国

楼主求助帖:

我有一个问题很苦恼，请教各位朋友。我升入初中后，开始住校了。但是，一段时间过后，我发现自己的住宿生活好纠结啊，比如，舍友雯雯一有什么高兴的事情，就喜欢哼歌，说她她不仅不听，还不理我了。再比如，小雪洗头发喜欢用茉莉香味的洗发水，茉莉香是我最不能忍受的，让她换别的，她不听，还说我这是苛求别人。为此，我感到很不爽！

我要发言:

一楼　并非自私

我看楼主这是犯了交际中的一个很大的忌讳，就是喜欢苛求他人，苛求他人的结果往往是不仅使他人不爽，也会让自己很不好过。

二楼　求同存异

一楼说得对。不是有"求大同存小异"这句话吗？说的就是在人际交往中，要学会尊重他人的习惯、爱好、个性等，要学会站在别人的角度思考问题，学会适应对方。

三楼　镜子

在同学关系上我主张严于律己，宽以待人。人可以严于律己，可以对自己苛求，但对别人，不论是对一般同学，还是对好朋友，都应该宽容。其实，很多时候我们自己做得也未必有多好，我们也会有这样那样的不足，何必太多地要求别人？

四楼　普通一兵

我看楼主有点以自我为中心。每个人都有自己的习惯与个性，人家喜欢干什么就干什么，凭什么非要让别人听你的，按照你的喜好来生活呢？所以我建议，赶紧调整一下以自我为中心的心态，摆正和同学的关系，别太拿自己当回事，别让别人围着自己转了。

五楼　喜欢自己

我想问一下楼主，你对自己满意吗？我猜测很可能你对自己也不满意。我看到心理学书上说过，一个人如果太容易对别人不满意，其实往往是对自己不满意，由于对自己不满意就容易看别人不好。这叫什么来着？对了，叫"心理投射"，就是把对自己的不满意投射到别人身上。所以，我建议楼主对自己也别要求太高，学会接纳自己，可能就会对别人多一分接纳。

六楼　忙自己的事

五楼的发言，让我也想起了心理学书上的一个说法，好像叫干涉癖。

说是有的人爱打听、传播和干预别人的事情，这是一种不好的习惯。楼主虽然没有打听传播的表现，也未必是干涉癖，但是我看对别人有点干预过多。因此，还是先让自己忙起来，也许就没有闲工夫干涉别人了。

校园智多星支招：

各位网友真厉害，说得已经十分全面了。这里我要补充的是，作为一个成熟的交际能手，我们应该具备一种这样的交际预期，就是每个人都是存在差异的，每个人都有自己的优点和缺点。我们在与人们交往时，难免会遇到他人有各种各样的习惯，或好或坏，关键是我们要学会适应，人无完人，我们应该学会的是适应对方，包容对方。

另一个要强调的就是我们要学会宽容、善待他人，求同存异。你看不惯对方的某些言行举止，不一定就是人家有什么不对，可能只是彼此的个性不同，对方的言行与你的个性不大吻合而已。最后，我送楼主一句话：调整心态，尊重差异，自我反思，严于律己。